To GEM

나에게 행복 이상의 시간을 가져다주는 발레 선생님들과 발레메이트들 그리고 이번 해 아무리 힘들어도 무조건 앉아서 이 글을 쓰게 만들어 준 맥스밀리언북하우스 글쓰기 클럽 멤버들, 함께 글 쓰면서 황석영 작가의 '글은 궁둥이로 쓴다'는 말이 실제가 되었습니다.
이 자리를 통해 심심한 감사의 말을 전합니다.

50을 바라보고 발레에 빠지다

중년 아줌마의
취미 발레 생활 고군분투기

윤금정 지음

MAXMILLIAN BOOK HOUSE

프롤로그

50을 바라보고 발레에 빠지다

발레, 생각만으로 행복해지는…

50을 바라보는 이 나이에 왜 발레에 빠졌는지는 알다가도 모르겠다.

통상 발레를 취미로 시작하는 데는 어렸을 때부터 발레리나를 동경했다거나, 남들보다 유연하다거나 아니면 춤을 잘 춘다거나 하는 그럴싸한 이유가 있다. 그런데 얼마나 유연하지 못하면 '윤뻣뻣'이라는 별명을 가질 정도로 굳어버린 몸을 가진, 게다가 춤도 잘 추지 못하는 몸치 중년 아줌마가 감히 넘보기에는 너무나도 높은 벽을 가지고 있는 '발레'에 푹 파진다는 것은 도대체 발레가 가진 무슨 매력 때문인지 참으로 궁금하다.

통상 중년에 많이 하는 골프, 등산 아니면 라인 댄스 등 그 많고 많은 취미 생활 중에 왜 하필 흉내 비슷한 것을 내는 것도 힘든 발레를 선택했고 거기에 푹 빠져 있을까? 솔직히 푹 빠져 있는 정도가 아니다. 나는 다음날 발레 수업이 있다는 생각만으로 그 전날부터 행복해진다. 이게 무슨 마성의 매력이던가.

아이러니한 건 이렇게 푹 빠져 있는 취미 생활을 누구한테든 떳떳하게 "나 취미발레를 해요"라고 말하는 것이 쑥스럽다는 거다. 아마 누구든 발레 수업 현장에서 나를 본다면 도대체 내가 어느 장르의 댄스를 하는 것인지 의아해할 것이다. 만사 제쳐놓고 발레 수업에 헌신한 시간이 벌써 5년이 훌쩍 넘었음에도 아직도 몸 개그에 가까운 정체불명의 춤을 추고 있는 나를 보면 벌써 발레를 그만둬도 몇 번은 그만뒀을 법한데도 말이다.

뼈와 근육이 다 굳은 상태에서 하는 지금의 이 몸동작들, 턴 아웃도 안 되고 무릎도 안 펴지는 다리와 골반을 가지고 어설프게 하는 이 몸동작들이 과연 발레일까? 그토록 굳어버린 몸과 형편없는 동작을 맞닥뜨릴 때마다 좌절에 좌절을 반복하면서도 왜! 아직도! 다음날 발레 수업을 들을 생각만 해도 그 행복감으로 설렐까?

나는 찾고 싶다. 나를 이토록 들었다 놨다 하면서도 그만둘 수 없는 발레가 가진 그 마법 같은 매력에 대해서 말이다. 이 글을 통해 나의 발레에 대한 애착을 하나하나 되짚어보면서 왜 갱년기에 접어든 윤뻣뻣 아줌마가 발레에 이토록 빠져 있는지를 말이다.

목차

프롤로그 **50을 바라보고 발레에 빠지다**

발레, 생각만으로 행복해지는… 5

Lesson 1. **발레 입문기**

나의 발레 입문기 – 나에게 운동이란? 15
발레, 왜 기초가 중요할까? – 기초를 안 배우고 발레를 배웠던 흑역사 21
왜 발레를 하는데 발레가 아닐까? – 발레에서 말하는 '태'의 매직 27
레오타드를 입기까지 – 검정 레오타드에 핑크색 팬티 스타킹 30

Lesson 2. **발레와 부상**

과도한 스트레칭으로 인한 추간판 탈출증 – 치명적인 허리 부상 37
추간판 탈출, 디스크 수술을 하느냐 마느냐? – 디스크 수술의 장단점 40
그 옛날 소림사 영화 기억하시나요? – 기초 체력운동의 중요성 44

Lesson 3. 다시 발레를 시작하다

발레를 다시 시작하게 되면서 – 부상 후 되찾은 발레 53

이토록 아름다운 발레 음악 – 발레에 빠졌던 이유 중 하나 56

바, 센터 순서 따라 하기 – 순서 따라 하기의 어려움 62

발레 얼마나 하셨어요? – 회피하고 싶은 이 질문… 66

Lesson 4. 뻣뻣한 내 몸을 알고 싶다
: 필라테스 자격증을 따다

내 몸은 왜 이 동작이 안 되나요? – 필라테스 세계에 입문하다 71

발레 때문에 알게 된 필라테스의 세계 – 내 몸 사용법에 관한 공부 76

아하, 이 동작에선 이 근육을 써야 하는구나! – 발레와 필라테스 80

왜 발레를 하는데 뱃살이? – 올바른 풀업(Pull Up)이란? 코어를 이해하다 83

Lesson 5. 콩쿠르에 나가다

콩쿠르에 나간다고요? – 왜 콩쿠르에 나가는 것인지… 89

콩쿠르를 준비하며 – 어떤 작품을 골라야 하나? 93

과정의 즐거움을 느끼기 시작하다 – 훼떼 턴이 가능하긴 한 거구나… 97

첫 콩쿠르를 경험하면서 – 그 큰 무대에 발을 내디디면서 102

첫 콩쿠르 결과 – 현타란 말은 이때 쓰는 것이죠? 108

계속되는 콩쿠르 준비 – 고도의 스트레스를 겪으면서 112

콩쿠르, 이렇게 적나라하게 순위를 발표한다고? – 바닥을 경험하다 116

Lesson 6. 발레는 예술이다

발레는 엉덩이 근육이 아니다 – 발레는 예술이다 123

노력을 해야 진정한 피드백을 받을 수 있다 129

발레, 이토록 나를 들었다 놨다 하는… – 진정 행복한 순간을 깨우치다 134

Lesson 7. 제대로 된 몸만들기
: 내 몸 사용법을 익히기까지의 과정

발레 수업을 다시 듣기까지 – 다음 행보를 어떻게 결정해야 할까? 139

발레의 움직임과 내 몸의 갭을 어떻게 줄일 수 있을까? 143

내 몸의 문제는 도대체 무엇일까 – 전문가를 찾아가다 146

내 몸의 문제를 알아내다 – 발레 꼭 하셔야 하나요? 149

반평생 가져보지 못했던 엉덩이가 생기기 시작하다 154

Lesson 8. 몸은 언제나 움직여야 한다
: 발레와 나

발레에는 왕도가 없다 – 예술을 하기 전에 공식을 익혀라 161

발연기가 있다면 발춤도 있다 – 예술을 입히는 과정 166

나쁜 습관을 고치기 어려운 이유 – 미엘린은 없어지지 않아요 170

그래서 어떻게 발레를 해야 한다고? – 취미발레생의 딜레마 173

몸을 움직이는 것의 중요성 – 운동이 어떻게 생활화가 될 수 있을까? 177

엄마는 발레를 해요 – 나이는 숫자에 불과하다는 식상한 말을 하게 될 줄이야 182

에필로그 **어떻게 늙어갈 것인가?**

발레와 함께 준비하는 나의 노후 185

추천의 글

즐겁게 운동하려면 기초 체력부터 튼튼히! - 최홍택 교수 190

발레 라이프, 조금 더디더라도 즐겁고 건강해야죠! - 장소영 강사 194

출판사 서평

신중년 윤뻣뻣, 취미발레로 달라진 일상과 꿈,
그 속 깊은 사연 속으로! 197

tip! 콩쿠르 준비 과정 - 뭘 어떻게 준비해야 할까? 200

Lesson 1

발레 입문기

나의 발레 입문기
나에게 운동이란?

통상 나는 말 그대로 숨이 헉헉 차고 땀이 줄줄 흐르는 정도로 강하게 운동해야 '아, 오늘 제대로 운동 좀 했네!'라고 생각하는 사람이다. 게다가 내 몸은 상당히 정직해서 먹으면 먹은 만큼 찐다. 그래서 먹고 싶은 대로 먹으려면 반드시 운동을 해야 적정한 체중을 유지할 수 있다. 맛있는 것을 찾아 먹는 것을 좋아하고, 많이 먹는 것을 좋아하는 나로서는 적정 체중의 몸을 유지하기 위해서 운동이 필수적이다.

보통 주중에 정신없이 일하고 주말이 되면 늘어지는 스타일이라 주말에 먹는 것은 100% 고스란히 살로 간다. 일요일 저녁, 체중계에 올라가면 주말 내내 정신 놓고 먹은 결과가 그대로 체중계에 나타난다. 그러니 먹은 열량을 모두 소비할 수 있는 강도의 운동을 규칙적으로 해야 그나마 적정 체중을 유지할 수 있다. 그래서 고강도의 운동을 선호한다. 그래야 먹고 싶은 것을 먹을 수가 있다.

서글픈 것은 40대에 들어서면서 먹는 양과 살찌는 그래프의 기울기가 급격히 상승하기 시작했다는 점이다. 예전에도 많이 먹으면 항상 운동을 열심히 해줘야 체중이 유지되었는데, 나이가 들수록 예전에 먹은 양만큼을 먹으면 그 운동량이 배는 더 늘어나야 기존의 몸을 유지할 수 있게 되었다. 그만큼 기초대사량이 떨어져서 운동 강도가 더 세져야 했다. 러닝머신이나 헬스장에서 헉헉대며 운동을 하면서 도대체 얼만큼을 운동해야 날씬할 몸을 유지할 수 있는지, 이렇게 운동하는 것이 힘든데 나이 들어서도 날씬한 사람들은 어떻게 그렇듯 규칙적인 운동을 하고 사는지 의문이 들 때가 많았다.

40대 중반, 나는 10년 가까이 운영했던 회사를 매각했다. 매일매일 정신없이 사업했을 때와 달리 갑자기 많아진 시간을 도대체 어떤 운동을 하면서 보내야 몸을 잘 관리할 수 있을까 고민했다. '그래, 걸어서 다닐 수 있는 곳에 규칙적으로 다니면서 운동을 하자'라는 것이 새로운 운동 목표였다. 그 당시 내가 살던 곳에서 걸어 다니면서 운동할 수 있는 곳은 두 곳으로 정리

되었다. 버스로 두세 정거장 거리에 있는 '발레학원'과 '주짓수 도장', 이 두 곳이었다. 그때 나는 발레가 뭔지도(발레라는 것은 알았지만 내가 어떻게 해야 하는지), 주짓수가 뭔지도 모르는 상태였고 두 운동 모두 특별한 흥미나 관심을 두고 있지 않았다. 그래서 일단 거리와 시간상으로 적합한 두 운동 후보를 선정했고, 먼저 '발레학원'에 체험 수업을 신청했다.

(재미있는 것은, 지금 나는 발레 마니아가 되어 있고 남편은 주짓수 마니아가 되어 있다는 점이다. 만일 그때 발레학원에 먼저 가지 않고 주짓수 체험을 먼저 갔으면 어떤 결과가 되었을까?)

첫 발레 수업에는 (그때 내 나이가 마흔넷이었는데) 나와 (20대 푸릇푸릇한 젊음이 넘치는) 다른 한 명이 전부였다. 원장이 직접 들어와서 초급반 수업이라면서 진행을 시작하였다. 원장은 시작하기 전 일단 몸을 풀어야 하므로 홀을 20바퀴 돌라고 하였다. '뭐, 발레 홀 20바퀴 정도쯤이야.' 하면서 돌기 시작했는데 원장이 말하는 20바퀴는 준비운동에 불과했다. 수업은 총 1시간 30분간 진행되었는데, 20바퀴 돌아 숨이 차고 땀이 나기 시작하니 그때부터 근육운동을 한다면서 매트운동을 시작하였다. 레그레이즈, 플랭크 등 30분 정도 고강도 매트운동을 진행하니 다리가 후들후들 떨리고 복근이 떨리기 시작했다. 재미있었던 것은 나와 같이 시작했던 그 푸릇푸릇했던 20대 여자분이

갑자기 얼굴이 하얘지더니 조금 쉬어야겠다면서 뒤로 가서 쉬는 것이었다. 뭘까? 그때 든 생각은 자아도취? '이것 봐라, 난 40대인데도 불구하고 (물론 힘들지만) 이 정도 운동은 20대보다도 더 잘 할 수 있다?'라는 자만심 같은 것도 톡톡히 한몫했다. 뒤에서 기진맥진한 20대 여자분 보란 듯이 원장이 진행하는 바 순서를 따라 하기 시작했다.

양손 바를 배우면서 '내가 이렇게 근육이 없었나? 이렇게 유연성이 안 좋았나? 이렇게 박자 감각이 없었었나?' 싶었다. 분명 동작은 어려워 보이지 않았는데 다리가 떨리고 몸의 균형을 잡는 것이 여간 힘든 게 아니었다. 그래도 '체력' 하면 누구한테도 뒤지지 않고 자신이 있던 나는, 20대 여자분이 감탄하면서 내 뒷모습을 쳐다보고 있으리라는 착각에 빠져, 다리가 후들후들 떨리는 것에도 불구하고 원장이 진행하는 기초 바를 열심히 따라 했다.

나는 힘들게 계속 따라 하면서 '도대체 이것이 무슨 운동이던가? 발레? 발레란 운동이 이렇게 힘든 운동이었단 말인가?'라는 생각을 금치 못하였다.

이렇게 힘든 운동을 40대도 20대 못지않게 잘할 수 있다는 것을 증명이라도 하려는 듯 나는 체험 수업 후 당장 초급반 클래스에 등록하였다. 발레. 고강도의 체력운동. 운동하고 나면 땀을 흠뻑 흘리고 다리가 후들후들 떨리는 그런 운동. 바로 내가 찾던 그 운동이었다.

  지금 와서 생각해보면, 어느 학원의 초급반을 들어도 홀을 20바퀴 돌고 30분간 고강도 근력운동을 하고 바를 시작하는 곳은 찾기 힘들다. 고강도 매트운동 후 양손 바 운동을 하는 곳은 몇몇 있어도 홀을 20바퀴 도는 곳은 내가 체험했던 곳이 처음이자 마지막이었다. 통상 기초과정과 레벨 1 수업 정도에서는 매트운동을 진행하는데, 선생님의 재량에 따라 매트운동이 고강도로 진행되는 곳도 있고 그렇지 않은 곳도 있다. 처음 간 학원의 매트운동은 상, 중, 하를 따져본다면 상에서도 최상에 속했다.

발레, 왜 기초가 중요할까?
기초를 안 배우고 발레를 배웠던 흑역사

고강도 운동을 찾던 나에게 발레 수업 두 번 만에 위기가 왔다. 두 명으로 간신히 오픈되었던 초급반 클래스였는데, 2회 수업 후 같이 발레를 시작한 20대분이 수업을 그만두었다. 매번 홀을 20바퀴 도는 기초 워밍업에 숨 쉴 틈 없이 진행되는 복근, 다리 운동 및 스트레칭과 매트운동이 운동 경험이 전혀 없어 보이는 20대분에게는 벅찼던 것 같다. 원장은 발레가 상당한 고강도 운동이기 때문에 이 정도 매트운동은 해줘야 바, 센터를 제대로 할 수 있다고 강조했다(솔직히 이 말은 정말 맞는 말이다). 나는 발레가 아름다워서 시작한 것이 아니라 이렇듯 고강도 운동이었기 때문에 시작한 것이어서 나에게는 상당히 만족스러운 수업이었다. 어쨌든 유일한 클래스메이트가 초급반 수업을 취소하는 바람에 초급반은 폐강되었고 원장은 나에게 중급반 수업이 있으니 들어보라고 권유하였다.

바로 이 선택, 초급반 2회 수강 후에 중급반 수업에 들어간 선택은 내 발레를 지금까지도 발전시키지 못한 무시무시한 선택이었다. 발레에 대한 기초 지식이 있어야 안다, 모른다를 판단할 수 있었을 텐데 내가 가진 발레에 대한 지식은 딱 초급반 수업을 2회 들은 수준이었다. 단순히 발레를 운동으로 접근했기 때문에 어디서든 강도 높은 워밍업과 매트운동이라면 무조건 좋았다. 게다가 중급반은 좋은 음악을 들으면서 점프하는 것도 많아 수업을 듣고 나면 땀이 흥건히 젖어, 뭘 배우는지도 모르면서 중급반 수업에 빠져들었다. 중급반은 바를 두 손으로 잡는 양손 바가 아니라 한 손으로 잡는 한 손 바로 진행된다. 순서도 스스로 익히면서 해야 하는데, 항상 잘하는 사람 뒤에 서서 계속 따라만 하면서 수업에 참여했다. 원장은 중급반 수업을 듣는 나에게 "뭐, 나쁘지 않네요. 계속 들어보세요"라고 했다. 그렇게 찾던 강도 높은 운동을 계속할 수 있다는 생각에 그로부터 거의 1여 년간 초급 과정 없이 중급반을 일주일에 2~3번씩 열심히 다녔다.

그렇게 발레학원을 일주일에 2~3번씩 다니면서 열심히 발레를 한 내가 1년 후 처음으로 타 학원에 가서 레벨 1 원정 수업을 듣게 되었다. 그때 열심히 수업을 받고 있던 나에게 담당 선생님이 조용히 다가오더니 "기초부터 다시 들으셔야겠어요." 하면서 속삭였다.

'아니, 1년도 넘게 발레를 배운, 그것도 중급반을 듣고 있는 나에게 기초반을 다시 수강하라니…. 이 선생, 내가 발레를 처음 배우는 줄 아나?' 자존심도 상하고 기분도 상당히 나빴다. 솔직히 그때의 충격은 아직도 잊히지 않는다.

기초수업을 들은 지 이틀 만에 중급반(지금 생각하면 레벨 2 정도의 수준) 수업을 3회차부터 듣기 시작했는데, 스스로 발레를 잘하고 있다는 망상에 사로잡혀 1여 년간 수업을 들었다. 누군가를 원망하기 전에 얼마나 무지하면 이런 자기망상에 그것도 1여 년이나 빠질 수 있었는지 모르겠다. 발레는 공연하는 것 정도로만 알고 있었지, 바를 어떻게 배우고 센터를 어떻게 해야 하는지에 대한 개념 자체가 없었다. 그 1여 년간 '발레'를 배운다고 생각하지 않고 땀 빼는 '운동'을 한다고 생각하면서 수업을 들었던 것이 사실이다. 숨이 헉헉 찰 정도의 매트운동에, 매혹적인 발레 음악을 들으면서 하는 무한 점프 동작들. 내가 원하는 최적의 운동 조건을 갖추고 있었으니 말이다.

지금도 레벨이 높은 수업을 들을 때면 간혹 기초가 전혀 없는 사람들이 올라와서 수업을 듣는 경우가 있다. 진정 그들에게 가서 기초수업을 들으라고 말하고 싶지만, 수강생 입장에서는 이 얼마나 자존심 상하는 말인가? 그래서 선생님들은 그들의 실력이 빤히 보이는데도 불구하고 직접 말하기를 꺼리는 것일 수도 있다.

그래서 지금도 나더러 기초부터 다시 들으라고 했던 선생님을 잊을 수 없다. 당시에는 상당히 자존심이 상하고 감정도 상했지만, 무지했던 나에게 진정한 경각심을 일깨워준 소리였다. 원정 수업에서, 잘 알지도 못하는 나에게 그런 얘기를 할 정도였으니 나의 발레가 얼마나 형편없었으면 그렇게 속삭이고 갔을까?

기초부터 다시 들으라는 소리를 듣고도 학원을 옮겨야 한다는 생각은 하기 어려웠다. 왜냐하면, 중급반 선생님도 그리고 발레 동료들하고도 너무나 각별하게 지내고 있었기 때문에 옮기고 싶지 않았다. 게다가 내가 발레란 것을 시작한 계기를 마련해준 학원을 배신(?)한다는 생각은 하기 힘들었다.

지금은 무엇이 부족한지, 어떤 것을 해야 하는지 어느 정도는 보인다. 하지만 내가 못한다는 것을 깨우치기까지 어떻게 1여 년이란 시간이 걸렸는지(1여 년이라고 계속 쓰고 있는 나를 보며 그 시간이 1년이었으면 덜 억울했을까?) 참 발레에 대한 나의 무지함이 무식하기 짝이 없었다.

하지만 발레는 기초를 알고 하는 동작과 그렇지 않은 동작이 천지 차이이다. 물론 기초를 알고도 신체 구조상 제대로 구현하기는 힘들다. 나도 지금 그나마 안다고는 하지만 초반에 잡아놓은 나쁜 습관으로 에어로빅에서 크게 벗어나지 못하고 있다. 그건 바로 기초를 제대로 다지지 않아서 그런 것이다. 초반 1여 년간 배운 에어로빅 같은 발레는 기초부터 잡아야 하는 모든 것들을 무시한 채 몸에 나쁜 버릇만 심어줬던 흑역사가 되었다.

아이러니한 것은 그렇게 초고강도의 매트운동과 준비운동을 하는 학원이 아니었다면 난 발레를 시작하지 않았을지도 모른다는 점이다. 만일 매트운동을 약하게 하고 바로 들어가는 학원에서 처음 수강했다면 '무슨 운동이 이렇게 정적이야?' 하면서 재미없어했을 수도 있다. 여러 학원을 돌아본 결과, 처음 배운 곳처럼 초고강도로 준비운동을 하는 학원은 거의 본 적이 없다. 하지만 동시에 발레의 기초를 제대로 익히지도 않았는데 어설픈 나를 그냥 묵시한 곳이기도 하다. 원망이 있지만 그래도 발레를 시작하게 한 학원이기에 애증이 남은 이곳, 이 학원이 아니었다면 난 발레를 시작하지 않았을 것이다.

결국, 첫 학원을 그만두기로 마음먹고 기초부터 다시 배우라는 발레 선생님이 계신 곳에서 기초부터 다시 수강하기 시작했다.

왜 발레를 하는데 발레가 아닐까?

발레에서 말하는 '태'의 매직

취미발레를 하면 항상 드는 고민은 몇 년을 해도 발레가 아닌, 어느 장르에 속하는지 모르는 모호한 댄스를 한다는 점이다. 나는 발레를 시작한 지 벌써 5년이 넘었는데, 아직도 발레에서 나오는 그 우아한 '태'를 살리는 것을 어떻게 풀어야 하는지 감을 못 잡고 있다. 한 가지 분명한 것은 발레 '태'라는 것은 경험상 기초수업을 제대로 듣지 않으면 살릴 수가 없다는 점이다. 그래서 발레 수업에서 마냥 높은 수업으로 빨리 올라가는 것이 좋지만은 않다. 하지만 어떻게 매번 채찍만 줄 수 있으랴. 그래도 매혹적인 발레 음악에 맞춰 리듬을 타고 점프도 하는 높은 반 수업을 들으면서 제대로 하는 스텝은 아니지만 그래도 행복해하며 수업에 참여하는 것은 '당근'을 주는 관점에서 나에겐 참 중요하다.

발레에는 '센터' 동작이 있는데 이 센터 동작을 제대로 하려면 여간 힘든 것이 아니다. 다리 동작 하나를 하면서도 발끝은 포인트에, 무릎은 펴야 하며, 엉덩이에 힘을 꽉 주면서 동시에 시선도 처리해야 하고, 폴드브라Port de bras(팔동작)까지 해야 하는 등 신경 쓸 것이 한둘이 아니다. 이 모든 것이 제대로 어우러져야 그 우아한 발레 동작이 나온다. 뭔가 어설프다 싶으면 어느 부분이 제대로 안 되어 있어서 그런 것이다.

발레에서 요구하는 동작을 하려면 근육이며 뼈 구조를 발레에 최적화된 상태로 만들어야 그 우아한 발레 동작이 나온다. 성인들은 이미 근육과 뼈가 자신이 여태 살아온 형태로 굳어버려 발레가 요구하는 움직임을 소화할 수 있는 구조로 몸을 만들기가 어렵다. 그래서 다 같은 성인이라도 발레 하기 좋은 몸으로 이미 만들어져 있는 사람들은 그나마 빨리 발레 '태'가 나오고 예쁘게 발레를 한다. 하지만 나처럼 발레와 전혀 무관하게 몸이 만들어진 사람들은 내 몸을 발레에 최적화시키기가 여간 힘든 것이 아니다. 그래서 발레에서 요구하는 기본적인 턴 아웃, 풀업, 포인트 등은 이를 반복해서 따라 하면서 몸을 최대한 만들 수 있는 기초수업에서 다질 수 있다.

전공자와 비전공자의 차이가 한눈에 보이는 취미 활동 중의 하나가 바로 발레인데, 그 이유는 이런 근육의 쓰임이 어렸을 때부터 단련되었는지 그렇지 못한지가 한눈에 드러나기 때문이다. 그런데도 나는 40대 중반에 발레를 시작했다. 나는 '윤뻣뻣'이라고 불릴 만큼 몸의 유연성이 없다. 허리가 만성으로 아픈 고질병이 있으며 거기다가 다리가 예쁘게 펴지지 않는 무릎도 가지고 있고, 턴 아웃이 어려운 닫혀버린 고관절을 가지고 있다. 모든 악조건을 다 갖추고 있음에도 불구하고 발레를 하면서 이런 것들을 하나하나씩 해결하려고 애를 쓰면 아주 서서히 보이는 것이 있다. 오직 발레에서만 볼 수 있는 그 우아한 '태'이다. 신기하게도 목이 더 길어지거나 키가 더 커지지는 않았지만, 몸이 풀업으로 세워지기 때문에 척추에 숨어 있던 키가 살아나면서 키가 커 보인다. 팔이며 다리며 뭔가 모르는 '태'가 몸에서 살아나기 시작한다. 살을 뺀다고 해서 생기는 '태'가 아닌, 발레를 하면서 생기는 '태'이다. 왜 발레를 전공한 사람들의 라인이 예쁜지, 키가 작아도 작아 보이지 않은 이유가 무엇인지는 발레를 한 사람한테서만 보이는 우아한 '태' 덕분이며, 그건 바로 발레를 통해 만들 수 있다.

레오타드를 입기까지

검정 레오타드에 핑크색 팬티 스타킹

발레학원에 등록하자마자 원장이 건네준 것은 딱 붙는 검정색 레오타드와 핑크색 스타킹, 핑크색 발레 슈즈였다. 나는 머쓱하게 웃으면서 핑크색 슈즈는 건네받았지만, 검정 레오타드와 핑크색 스타킹은 구매하지 않았다. 검정 레오타드는 수영복같이 몸에 딱 달라붙는 데다가 가슴과 등 부분이 많이 파여 있었고, 스타킹은 그 당시 내가 보기엔 어처구니없이 촌스러워 보이는 핑크색 팬티스타킹이었다. 원장은 머쓱해하는 나를 보면서 그렇게 입기가 쑥스러우면 검정 시폰 랩스커트를 앞에 두르라고 했다. '오! 노노노노!' 아니, 나이가 마흔 중반이 다 된 사람한테 이렇게 등이 다 파이고 초등학교 이후로 신어본 적이 없는 핑크색 팬티스타킹을 신으라고 하다니…. 그러면서 내가 이런 것을 입고 춤을 추게 될 일은 아예 없을 거라는 쓴 미소를 지으며 발레 슈즈만 가지고 원장실 밖으로 나왔다.

그 이후로 발레학원에 갈 때면 운동할 때 입는 나시 탑 또는 래시가드에 검정 레깅스를 입고 그 위에 반바지를 입었다. 아마도 이 복장은 발레를 하는 동안 거의 6개월 가까이 나의 단골 의상이었을 것이다. 6개월쯤 지났을 때 검정 레오타드를 입기 시작했는데, 그 이유는 레오타드를 입으면 위의 상체가 딱 조여져 여기저기 튀어나오는 군살들이 커버되는 장점이 있기 때문이었다. 그래서 속에 레오타드를 입고 그 위에 입는 얇은 운동복 상의 그리고 레깅스에 쇼트 팬츠는 거의 나의 단골 발레복이었다.

1년 가까이 나는 발레를 발레라고 생각하기 전에 고난도 유산소 운동이라고 생각했기 때문에 레오타드에 대한 욕심이 없었던 것도 사실이다. 그리고 레이스가 달려 있거나 지나치게 파인 것은 부담스러워서 감히 엄두도 내지 못하고 있었다.

초기에 발레복을 입고 돌아다니는 동료들을 볼 때면 '아니, 저 아줌마들은 저 나이에 어떻게 저렇게 입고 돌아다닐 수가 있지?' 하면서 속으로 놀랐던 적이 있었다. 어느 날은 일반인들이 발레 수업에 참관하러 와서 "아, 저런 레오타드 입고 춤출 자신 없어." 하면서 발길을 돌리는 것을 본 적이 있었다. 그 유명한 〈나빌레라〉(70세가 넘은 할아버지가 발레를 배우는 이야기를 담은 웹툰 원작의 드라마)를 보았을 때 할아버지가 레오타드를 입자 가족들이 일제히 망측하다고 난리를 부리는데, 그만큼 몸을 고스란히 드러내는 레오타드를 입기까지 일반인들이 가지고 있는 고정관념을 깨기가 쉽지는 않다.

발레를 시작하기 전 수영장에 한번 가는 것은 나에게 큰 행사였다. 도대체 어떤 수영복을 무엇과 같이 입어야 이 군살들이 숨겨지는지 이것도 시도해보고 저것도 시도해봐야 할 정도로 수영복을 입는다는 것은 쉬운 일이 아니었다. 레오타드는 어떻게 보면 지상에서 입는 수영복과 다름이 없다. 몸에 착 달라붙는 쫀쫀한 스판덱스 재질로 만들어진 레오타드는 일반인들이 생각하는 수영복이다. 그것을 입고 춤을 춘다? 오…, 이건 그야말로 획기적인 일이었다.

예쁜 레오타드에 환상을 갖고 발레를 시작한 사람들이라면 거부감이 없을 수도 있다. 하지만 나는 발레에 관심이 전혀 없었기 때문에 예전 어떤 코미디 프로그램에서 발레리노를 소재로 하여 우스운 에피소드를 만들었던 것처럼 레오타드가 몸에 딱 붙는 망측한 옷이라고 생각하는 고정관념을 가지고 있었다.

하지만 지금 내 옷장을 보면, 옷장의 한 구역은 파임과 색상이 다양한 레오타드로 가득 차 있다. 그 망측하다는 고정관념이 언제 깨졌는지는 알 수 없다. 쉰을 바라보는 나도 몸에 딱 달라붙는 레오타드를 입고 발레 수업을 한다. 지금은 '레오타드를 안 입고 어떻게 발레를 할 수 있나?'를 생각하는 것이 더 어렵다. 잘 맞는 레오타드를 입고 거울을 보고 바 워크나 센터를 할 때만큼 기분 좋은 일도 없다. 항상 옆구리 살과 뱃살에 민감할 수밖에 없는 것도 레오타드를 입고 거울 앞에 서야 해서 그렇기도 하다. 어떻게 보면 피곤하게 들릴 수 있지만, 이것이 또 나를 항상 건강하게 긴장하게 하는 요소가 된다. 또한 나이가 들어도 적정 체중의 몸을 유지하게 도와줄 수 있는 원동력이 됨을 결코 무시할 수 없다.

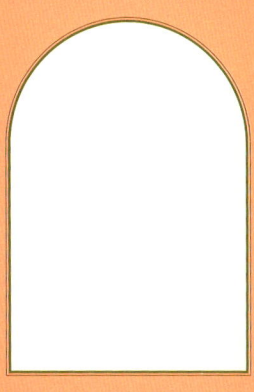

Lesson 2

발레와 부상

과도한 스트레칭으로 인한 추간판 탈출증

치명적인 허리 부상

40여 년이 넘도록 굳어버린 근육을 스트레칭해서 발레에 최적화하도록 만드는 것이 과연 가능할까?

선천적으로 몸이 유연한 사람이 있다. 발레를 할 때 당연히 유연한 사람들이 유연하지 않은 사람보다는 장점이 많다. 앞서 계속 말해왔지만 '윤뻣뻣'의 몸을 가진 나로선 발레를 위한 스트레칭만큼 고통의 시간이 없었다.

새로 옮긴 학원에서 기초부터 착실하게 배워나가던 나는 발레를 하기 위해 스트레칭의 중요성을 인식하기 시작했다. 그래서 집에서도 타이머를 설정해놓고 스트레칭을 하고 학원에서도 수업 시간 전에 스트레칭을 해주었다. 그런데 한 가지 간과했던 사실이 있었다. 유연하지 않은 사람이 스트레칭을 할 때 아픈데도 불구하고 오랫동안 스트레칭 자세를 유지하는 것은 바람직하지 않다는 것이다. 스트레칭 못지않게 중요한 것이 스트레칭 동작에 필요한 근육들에 대한 근력운동이다. 이 근력운동을 간과한 일방적인 스트레칭은 부상으로 이어지기 쉽다.

근력운동에 대한 필요성을 간과한 나는, 말 그대로 무식하게 스트레칭만을 해주기 시작했는데, 시간을 정해놓고 몇 분 동안 찢기 자세를 유지하면서 아픈데도 불구하고 스트레칭에만 집중했다. 거기에다 스트레칭을 하기 전에 약간 뛰거나 몸을 충분히 풀어줘야 하는데 이러한 워밍업 없이 무조건 스트레칭만 하면 부상으로 이어지기 쉽다. 나는 스트레칭을 하고 나면 항상 허리가 아팠는데 원래 만성적으로 허리가 아파서 그러려니 하고 그냥 넘어갔다.

그런데 나의 잘못된 스트레칭에 불을 붙이는 사건이 일어났다. 새로운 학원에서 만난 또 다른 선생님은 스트레칭은 하면 할수록 늘기 때문에 발레의 기초는 반드시 스트레칭부터 제대로 해야 한다는 것에 집중하는 분이었다. 허리가 아픈데도 양다리를 일자로 찢는 스트레칭을 열심히 했던 나는 결국 다리 찢기에 성공했다. 스트레칭을 하면 허리와 다리가 구부정했던 나의 Before와 비교해보면 괄목할 만한 성장이었다. 정말 스트레칭은 하면 할수록 늘었고 나 같은 '윤뻣뻣'도 일자 스트레칭이 가능했다. 지금도 책장 한쪽에 '4주 만에 다리 일자 벌리기'라는 책이 꽂혀 있는데, 그 당시 얼마나 일자 스트레칭이 간절했으면 이런 책을 사서 다리 찢기에 열성을 보였는지 알 수 있다. 그만큼 나는 다리 찢는 것이 불가능하다고 생각했을 정도로 뻣뻣했다. 그런 나는 다리를 일자로 벌린 상태에서 조금만 더 하면 개구리 자세로 넘어가기 바로 일보 직전까지 눈부신 성장을 하고 있었다. 40대 중반의 '윤뻣뻣'이 그렇게 다리 찢기가 가능할 것이라고 누가 상상이나 했을까?

그러던 어느 날, 그 당시 스트레칭을 강조하던 선생님이 다리 찢기를 하는 나를 위에서 눌러버리는 사건이 발생했다. 나의 스트레칭에 더 욕심을 부린 선생님은 바닥에서 약간 떠 있는 내 골반 부분을 꾸욱 눌러주면서 더 할 수 있다고 채근했다. 그때의 고통을 나는 집에 가면서 남편에게 전화로 알렸다. "주리를 튼다는 게 이런 느낌일 거야."

추간판 탈출, 디스크 수술을 하느냐 마느냐?

디스크 수술의 장단점

그날 저녁, 허리에 조금 이상한 느낌이 들기 시작했는데, 둘째 날 저녁에는 다리 한쪽에 서서히 저리는 신호가 오더니 그다음 날에는 통증으로 아예 걷는 것조차 불가능해졌다. 예사롭지 않음을 느낀 나는 병원에 갔고 MRI를 찍어본 결과, 추간판 탈출(디스크 파열)로 인해 다리 신경을 건드려 걷지 못하는 것이라는 진단이 나왔다. 의사는 발레 선생이 위에서 누른 것이 디스크 파열에 계기가 되긴 하였지만, 직접적인 이유는 나이로 인해 퇴행성에 가까워지는 허리에 계속해서 무리를 주었기 때문이라고 했다. '퇴행성'. 생물학적인 나이를 병원에서 무시할 수는 없지 않았겠는가. 게다가 항상 허리가 아팠는데 매일 주야장천 허리에 무리가 가는 스트레칭을 해줬으니 말이다(어떤 스트레칭이 나쁜지, 현재 내 몸 상태에서 어디까지 스트레칭을 할 수 있는지, 이 스트레칭과 허리와의 상관관계를 알고 싶어 참으로 오랫동안 찾아다녔다. 후에 나오는 챕터 '제대로 된 몸 만들기 - 내 몸 사용법을 익히기까지의 과정'에서 올바르게 내 몸을 사용하는 방법을 찾아가는 과정도 함께 설명하였다). 의사는 약해진 허리를 보호하기 위해 허리 주위를 강화해야 하는 것이 얼마나 중요한지를 설명해주었다. 결론적으로 나는 스트레칭을 할 때마다 몸이 나에게 보내는 신호를 계속해서 무시하다가 결국 추간판이 터지게 된 것이다.

소개받고 간 정형외과는 과잉진료하지 않고 환자에게 해야 할 것만을 말해주는 곳이었다. 의사는 두 가지 방법이 있다고 설명했다. 상태가 심각한 만큼 디스크 수술을 받거나 아니면 시간은 조금 오래 걸릴지라도 가만히 있으면 저절로 치유될 것이라고 하였다.

추간판이 탈출하였을 때 수술을 하느냐 마느냐에 대한 의견은 내 리서치에 의하면 거의 50:50이었다. 디스크 파열이 되어 걷지 못하는 경우는 터진 디스크가 다리 신경을 눌러서 그러는 것인데, 수술하게 되면 파열된 디스크를 제거하여 신경을 누르는 통증을 바로 없애주는 장점이 있다. 하지만 디스크 수술 시 근처의 근육과 인대, 신경 등을 건드릴 수 있는 위험도 있고(디스크 수술에 숙련된 의사가 중요한 이유가 여기에 있다), 일단 디스크는 관절과 같아 손을 대면 댈수록 재발의 위험이 있다는 단점이 있다. 또 다른 단점으로는 수술 이후에는 어쩔 수 없이 흉터가 남게 되고, 흉터는 기존 관절의 성질인 탄력적인 움직임을 제한하기 때문에, 수술한 디스크의 위아래 척추가 일을 더 많이 하게 만들고, 나중에는 수술한 디스크뿐만 아니라 위아래 척추까지 퇴행 문제가 생긴다는 점이다. 게다가 수술하면 통증이 바로 없어지기 때문에 본인들이 가지고 있는 허리에 대한 잘못된 습관을 고치지 않고 다시 반복하는 경향이 있어 재발할 확률이 높다는 단점까지 가지고 있다.

의사는 하지가 마비될 정도의 고통 또는 대소변을 제대로 볼 수 없는 경우 이 두 가지를 제외한다면, 꼭 디스크 수술을 고려하지 않아도 조금만 참으면 자연적으로 치유될 수 있다고 말하였다. 일단 상태를 지켜보다가 통증이 점점 악화한다면 수술을 생각해야 할 테지만 당장은 조금 지켜보자고 했다.

여러 각도로 고민한 나는 일단 의사의 말대로 일주일 정도 움직이지 않고 침상에서 시간을 보냈다. 물론 기본적으로 해야 할 일은 할 수밖에 없었지만, 시간이 되는 대로 누워 있었다. 다행히도 다리 통증은 시간이 갈수록 점점 줄어드는 것이 느껴졌다. 대략 2주 정도의 시간을 최소한의 움직임과 침상 생활에 연연하다가 걸을 때 통증이 점점 줄어드는 것이 느껴질 때 재활에 들어갔다. 주변에 운동하다가 다친 사람들이 많았기 때문에 재활을 잘하는 분을 바로 소개받아 갈 수 있었다.

수술을 택하지 않은 선택은 지금 생각해보면 현명한 판단이었다고 생각된다. 허리 추간판이 탈출한 지 거의 3년 정도 지난 지금까지도 왼쪽 다리에 마비 증세 비슷한 것이 미세하게 남아 있다. 그래서 허리에 무리가 가는 동작을 하면 바로 다리로 신호가 오고 이 경미한 마비 증세로 인해 왼쪽 다리는 오른쪽 다리만큼 축이 좋지 못하다. 수술을 했다면 신경이 눌린 것이 바로 풀리지 않았을까 하는 생각도 들지만, 가만히 못 있는 성격을 가진 내가, 통증이 없으면 다시 아무 생각 없이 제대로 재활하지 않고 바로 무리 되는 운동을 시작했을 가능성이 상당히 크다.

그래서 결론적으로 통증을 경고 사인으로 생각하고, 통증을 직접 느끼며 어떤 자세가 허리에 무리를 주는지, 어떻게 하면 바로 허리에 통증이 오는지를 계속해서 느껴가면서, 허리를 보호해주는 운동을 병행하고, 나쁜 습관을 고쳐가는 자연적인 치유 방법을 선택한 것이 지금 와서는 잘한 결정으로 생각된다.

그 옛날 소림사 영화 기억하시나요?

기초 체력운동의 중요성

추간판 탈출로 인해 재활운동하는 곳을 소개받아 등록했다. 그때 재활코치가 나를 보고 한 이야기가 어떻게 '발레'라는 고강도의 운동을 하면서 기초 체력운동을 전혀 안 하고 할 수 있냐고 했다. 기초 체력운동은 발레를 시작하기 전 매트운동이 전부였다. 그것도 발레의 레벨이 높아질수록 매트운동이 없어지고 바로 바와 센터로 들어간다. 레벨이 높아지면 높아질수록 워밍업과 매트운동을 소홀히 하면 안 되는데, 음악에 맞춰서 발레를 하는 즐거움에 빠져 기초운동을 무시해버리고 발레 수업에 들어간 적이 많았다. 생각해보면 초반의 발레학원을 떠난 후엔 고강도의 매트 근력운동을 자주 한 적이 없다.

발레 동작을 제대로 하면서 다치지 않기 위해서라도 반드시 기초 체력운동이 필요하다. 기초 근력이 없는 상태에서 잘못 점프해서 착지하면 발목, 무릎 관절 및 허리 부상으로 이어지기 쉽다. 매트로 근육들을 단련해야 스트레칭도 잘 되고 발레 동작도 제대로 할 수 있다. 학원에 따라서 매트운동을 아주 집중적으로 하는 곳이 있고 그렇지 않은 곳도 있다. 인텐시브한 매트운동이 진행되지 않으면 따로 헬스나 필라테스 등을 하면서 근육운동을 병행해야 부상 없이 제대로 발레 동작을 할 수 있다.

그러면 여기서 이런 생각이 들 것이다. 아니, 취미발레인데, 즐겁게 하자고 하는 것인데 이렇게 힘들게 기초운동을 하면서까지 하려고 하느냐? 물론 그런 생각이 들 수도 있을 것이다. 초반 1, 2년까지는 말이다. 하지만 시간이 지나면 지날수록 아무리 취미발레라도 더 잘하고 싶은 마음이 든다. 스스로가 발전이 없는 것 같으면 솔직히 재미도 없다. 그래도 어느 정도 따라 하고 발전하는 것이 보이니까 재미가 있는 것이지, 그렇지 않고 도태되는 것 같고 발전도 없고 잘 따라 하지도 못 하면 재미있을 수가 없다. 더 잘하고 싶은 마음은 무엇에 빠지면 당연히 드는 생각이다.

그래도 매트운동을 나름으로 열심히 한다고 생각하고 발레를 했지만 퇴행하고 있는 나의 몸을 지탱하기에는 그 정도의 매트 운동으로는 역부족이었다. 발레에는 점프도 많고 몸을 과하게 굴곡하고 회전시켜야 하므로 몸의 유연성이 중요하다. 그래서 스트레칭을 강조한다. 하지만 이 모두가 기초적인 근력이 없이는 할 수 없는 동작들이다. 하물며 워낙에 유연성이 좋은 사람들이라 하더라도 이러한 자세를 근력운동 없이 계속해서 반복하다 보면 부상은 필연적이다.

30대만 하더라도 기초 체력운동의 중요성을 느끼지 못하였다. 그때만 해도 무슨 운동을 하더라도 뼈와 관절에 무리가 간다는 생각을 하지 못했으니까. 솔직히 40대 초반에도 느끼지 못했다. 추간판 탈출이라는 허리 부상을 입은 시기는 45세가 넘어서였고 병원에서도 물론 과도한 스트레칭이 계기가 되긴 했지만 그래도 퇴행성이 진행되고 있다는 것을 강조하지 않았던가? 슬픈 현실이지만 나의 몸은 이미 퇴행으로 진입하고 있었다. 이를 유지하기 위해서는 근력이 받쳐줘야 한다는 것을 망각하고 마냥 20대인 양 팔짝팔짝 뛰며 운동하고 있었던 것이다.

그래서 주위에 나이 든 사람이 운동한다고 하면 운동이니 무조건 좋다고 권하는 것이 바람직하지만은 않다. 일단 몸이 퇴행성으로 진전이 되는 시점에서는 그 어떤 운동이라도 근력이 뒷받침되지 않으면 몸에 치명적이다. 하물며 뒷산 오르기라도 내려올 때 관절에 무리가 갈 수 있다. 그래서 강조하고 싶은 것이 기초 체력운동의 중요성이다. 어떠한 운동을 한다고 하더라도 그 운동을 할 수 있는 몸을 만들면서 운동을 해야 부상을 방지하고 오래 건강하게 할 수 있다.

  그래서 나는 항상 사람들에게 기초 체력운동의 중요성을 강조하는데 그때마다 옛날에 봤던 소림사 영화를 예로 든다.
  영화를 보면, 소림사에서 무술을 배우는 사람들에게 처음부터 무술을 가르쳐주지 않는다. 징검다리를 건너 양동이에 물 길어오고, 계단 오르고 내려가기를 수도 없이 반복하는 등 누가 봐도 너무 단순하고 하기 싫어하는 일을 먼저 던져준다. 솔직히 소림사에 가는 이유는 멋지게 쿵후를 하고 싶다는 것을 상상하고 가는데 누가 물 길어오고 계단 오르내리는 단순 노동을 좋아하겠는가? 그러면 영화의 주인공은 처음에는 계단을 오르내리기를 힘들어하는 저질 체력을 가지고 있다가 나중에는 양동이를 이고도 계단 오르내리기를 날아다니면서 할 수 있는 기초 체력을 다져놓는다. 그래야 비로소 무술을 배울 준비가 된 몸이 된다. 이 과정이 힘들다고 포기하는 사람들은 제대로 된 무술을 익힐 수가 없다. 체력이 뒷받침되지 않는데 어떻게 무술을 제대로 익힐 수 있겠는가?

발레를 일단 시작하면 그 매력에 빠져서 좀처럼 헤어나오기가 힘들다. 중요한 약속을 뒤로 미루는 한이 있더라도 클래스에 꼭 참석하려 한다. 그리고 그 매혹적인 발레 음악에 선생님이 센터 동작을 주면 내가 몸개그를 하는 한이 있더라도 흥에 못 이겨서 근력과 관절이 뒷받침되는지 판단도 못 한 채 따라 하기 일쑤다. 수업 후에 무릎이 얼얼하고 허리에 신호가 와도 듣질 않는다. 결국, 그런 과정이 반복하여 진행되면서 추간판 탈출이라는 어마어마한 결과로 이어지게 되었다.

내가 소개받은 정형외과와 재활운동 하는 곳은 나에게 정직하게 치료 방법을 권유했다. 나는 허리 수술을 하지 않고 자연적으로 디스크가 흡수되기까지 기다렸으며, 조금씩 움직일 수 있게 되었을 때 재활을 바로 시작했다. 3개월 정도 1:1로 fundamental movement 즉, 아주 기초적인 몸의 움직임 운동부터 시작하여 재활운동을 하다가 수업 강도를 점점 올려서 그룹수업으로 바꾸고, 그렇게 1년 정도를 케틀벨 운동을 통해 코어를 단련하며 허리 재활에 집중하였다. 그동안 얼마나 발레를 다시 시작하고 싶었느냐 하면, 초반에 대략 3~4개월 재활운동을 하는 동안 재활 선생님에게 "선생님, 이 정도면 발레 다시 시작해도 되지 않을까요?"라고 묻곤 했다. 그때마다 선생님은 아직은 멀었다는 표정을 지었다. 발레를 다시 시작하게 된 때는 대략 1년의 재활이 끝난 후다.

Lesson 3

다시 발레를 시작하다

발레를 다시 시작하게 되면서
부상 후 되찾은 발레

솔직히 1~2주만 발레를 하지 않아도 처음부터 다시 시작하는 것 같다. 그런데 대략 1년 정도를 쉬었다. 솔직히 재활운동 하면서 6개월까지는 발레를 다시 시작하고 싶어서 안달이 났었다. 그런데 6개월 정도가 지나고 나니 서서히 그 재미있었던 발레에 대한 생각들이 지워지기 시작했다. 나름 재활운동으로 하는 케틀벨도 재미있있다. 복근, 허리, 허벅지 등이 아주 튼튼하게 단련되고 있는 나를 보니 '케틀벨 운동도 계속하는 게 나쁘지 않네?'라는 생각도 들었다.

어떻게 해서 발레학원을 다시 등록하게 되었는지 정확하게 기억은 안 난다. 새로운 발레학원을 찾기 시작했고 거기서 쿠

폰을 끊어 일주일에 한 타임, 두 타임씩 천천히 듣기 시작했다. 역시 1년 가까이 쉬고 시작하는 것이라 어리바리하였다. 허리와 다리가 튼튼하게 단련되었음에도 허리를 뒤로하거나 과도한 스트레칭을 하게 될 때면 지레 겁을 먹고 하지 않았다. 수업은 별로 재미가 없었고 감을 못 잡는 이 발레를 어떻게 계속해야 하는지 방황하고 있었던 찰나에 재미있는 수업을 하나 듣게 되었다.

발레 수업은 보통 매트운동 후 바를 진행하고 바 순서가 끝나면 댄스 동작 위주의 센터에 들어간다. 바 순서를 내주실 때 어떤 선생님은 매시간 새로운 순서를 내주거나 일주일 또는 이주에 한 번 바꾸는 등 다양한 방식으로 진행된다. 인상 깊게 다가온 선생님의 수업은 같은 바 동작을 한 달 동안 진행하는 방식이었다. 처음이었다. '한 달 동안 똑같은 바 순서를 진행한다고?' 이것은 개인차가 있다. 항상 새로운 순서를 배우고 싶은 사람이 있는 반면에 당시 방황하던 나로선 하나라도 제대로 한 달 동안 배우고 싶다는 마음이 강했기 때문에 그 수업을 집중해서 듣기 시작했다. 쉬운 순서는 아니었다. 그 당시 내가 다시 발레를 시작하게 될 때가 거의 발레 2년 차에 가까웠었는데 1년은 그냥 에어로빅같이 한 발레라고 하면 2년째에는 그래도 제대로 하려고 스트레칭도 열심히 하고 기초를 다지려고 열심히 노력한 해였다. 오랫동안 쉬고 나니 기억나는 것은 하나도 없고 수업을 들을 때마다 어리바리하였다. '그래, 적어도 이 수업을 한 달 동안 들으면 바 하나는 제대로 할 수 있겠다'라는 생각이 들어 열심히 수업을 듣기 시작했다. 함께 듣는 발레메이트들도 상당히 중요한데, 그 반은 선생님에게 열심히 배우는 학생들로 열의가 가득했다. 그런 분위기에 휩싸여 시들시들해졌던 나의 발레에 대한 열정을 차츰 키워나가기 시작했다. 같이 수업을 듣던 발레메이트들도 수업을 계속 듣는 나의 Before와 After가 달라지고 있다고 응원해주었다. 덩달아 식었던 열정이 차츰차츰 회복되기 시작했고 얼마 가지 않아 다시 예전의 발레 열정을 되찾게 되었다.

이토록 아름다운 발레 음악
발레에 빠졌던 이유 중 하나

발레에 빠졌던 또 다른 이유 중의 하나는 매혹적이고 아름다운 발레 음악 때문이다. 발레 음악을 생각하면 통상 오케스트라가 연주하는 클래식 음악을 생각하기 쉽다. 발레 음악에는 발레 공연에서 사용되는 클래식 오케스트라 음악과 발레 수업에서 사용되는 발레 반주 음악 두 부류가 있다. 내가 빠져 있는 음악은 발레 수업 시간에 사용하는 피아노 발레 반주 음악이다. 발레 수업에서 사용하는 음악은 피아노 반주가 주를 이루는데, 이 반주 음악은 클래식뿐만 아니라 팝, 재즈, OST, 창작, 가요 등 장르를 불문하고 피아노로 연주할 수 있는 모든 음악이 해당한다. 이 여러 장르의 음악들은 피아노 선율로 각색되어 발레 동작을 연습하는 데 사용된다. 발레의 바 동작인 쁠리에Plié에서부터 센터 동작인 그랑 점프Grand Jump까지 발레 동작 박자에 맞춰서 많은 발레 반주자가 여러 장르의 음악을 창작하고 각색하여 발레 반주 음악을 탄생시키고 있다.

발레를 연습하는 데 있어 발레 반주 음악이 클래식 음악에 한정되어 있지 않은 것도 또한 매력이다. 모든 장르의 음악뿐만 아니라 순수하게 창작한 발레 반주 음악도 많이 있어 그 음악의 폭은 무궁무진하다.

발레 수업을 듣는 행복 중의 하나가 바로 음악이다. 그래서 수업 시간 선생님의 음악 선곡이 그 수업 분위기에 큰 영향을 끼친다. 기존의 음악을 계속해서 틀면서 가르쳐주는 선생님들이 있는가 하면, 음악에 예민해서 신곡을 열심히 찾아 수업을 진행하는 선생님들도 계시다. 물론 나는 음악을 선별하고 신경을 쓰고 음악 취향이 나와 비슷한 수업을 좋아한다. 발레 못지않게 수업에 나오는 반주 음악을 좋아하기 때문이다. 그래서 내가 수업 후 선생님에게 많이 하는 질문 중의 하나가 "오늘 수업에 사용한 반주 앨범이 누구 것인가요?"이다.

'장르 불문한다' 해서 이해가 안 가는 사람들도 있을 것이다. 그런데 정말 장르 불문한 음악을 감미로운 피아노 선율로 재창작을 한 곡이 발레 반주 음악이다. 흔히 들을 수 있는 영화음악이라든지 팝송 등 모두 발레 동작을 위해 반주 음악으로 재탄생한다. 발레의 아름다운 동작을 탄생시킬 수밖에 없는 매혹적이고 아름다운 음악들이다.

발레 수업은 항상 바와 센터로 진행되는데, 바를 진행할 때에는 어느 수업을 듣거나 일관된 순서가 있다. 쁠리에Pliés, 탄듀Tendu, 데가제Dégagé, 롱드잠Rond de Jambe, 폰듀Fondu, 프라페Frappé, 바뜨망Battement 등. 그리고 센터를 할 때도 순서가 있다. 아다지오Adagio, 탄듀Tendu, 바뜨망Battement, 삐루엣Pirouette, 스몰 점프Small Jump, 미들 점프Medium Jump, 그랑점프Grand Jump 등이 그것이다.

이런 동작들이 정해져 있으므로 무용 반주 음악을 전공하는 사람들이면 실제로 발레 전공생들이 연습할 때 들어와서 그 동작의 박자를 익힌다고 한다. 발레 반주자들은 무용수가 음악을 한껏 느끼면서 연습할 수 있도록 무용수와 호흡을 맞추고 음악에 맞는 움직임을 구현할 수 있는 반주를 한다.

발레단이 연습하는 광경을 볼 기회가 있을지 모르겠는데 보통 큰 홀에 그랜드 피아노가 한 대씩 놓여 있다. 그리고 반주자는 바 순서를 주는 마스터의 지시에 따라 무용수들이 동작할 수 있도록 연주를 한다. 반주자가 연주를 시작하면 그 박자에 맞춰서 발레단이 바와 센터 연습을 시작한다. 10~11월 중에 일 년에 한 번 세계 모든 발레단이 참여하는 '월드 발레 데이'가 있다. 유튜브에서 생방송으로 각국의 발레단이 정해진 날짜에 자신들이 연습하는 광경을 공유하는데, 이때 세계 여러 발레단의 연습실 광경을 볼 기회가 주어진다. 나는 분장을 한껏 하고 모든 것을 갖춘 상태에서 무대에 서는 발레단의 모습보다, 땀복을 입거나 헐렁한 티셔츠를 무심하게 걸치듯 입고 연습하는 발레단의 모습을 보는 것을 더 좋아한다. 피아노의 라이브 반주에 맞춰 마스터가 그때그때 주는 동작들을 따라 하는 발레단의 모습은 정말 매력적이다. 그들은 발레 한 동작, 한 동작을 연습할 때마다 라이브 발레 반주 음악에 맞춰 한껏 기량을 발휘한다.

통상 발레 수업은 라이브 음악이 아닌 음원으로 진행된다. 새로운 음원은 항상 나오기 때문에 음악을 듣는 재미와 행복감은 굉장히 쏠쏠하다. 요즘은 유튜브 음악이 잘되어 있어, 한때 신곡이 나올 때마다 발레 CD를 구매해서 모았던 나에겐 굉장히 환영할 만한 일이다.

라이브 피아노 연주에 맞춰 발레를 하는 것은 취미발레생들에게는 로망이다. 라이브 반주 음악을 하는 수업은 몇 곳 있는

데, 통상 발레 전공생들이나 실력이 출중한 취미발레생들이 들을 수 있는 레벨의 수업이다. 그 로망 때문에 라이브 반주 수업을 한번 들으러 갔다가 제대로 따라 하지도 못하고 뒤에서 어설프게 시간만 보내고 나왔던 경험도 있다.

발레 수업 시간에 거울을 보면서 발레 나르시시즘에 빠질 때 이 음악도 그 역할을 톡톡히 한다. 바 동작이나 센터 동작을 하면서 내가 좋아하는 음악이 나오면 음악에 맞춰 흥이 오른다. 누가 내 동작을 보고 뭐라 한다고 해도 스스로는 멋진 포즈를 하고 있다는 착각에 빠진다. 그리고 그 아름다운 발레 음악과 물아일체에 빠진다. 이것이 내가 발레와 사랑에 빠진 큰 이유 중의 하나이다. 잡념이 없어지고 순간의 행복감에 빠져버린다.

* * *

다음은 발레 음악 연주가들을 알파벳과 가나다순으로 정리해본 것이다. 특히 나는 반주가 깊은 연주를 좋아하는데 특별히 좋아하는 연주가들 옆에는 *로 마크했다. 취향이 비슷한 스타일의 반주를 좋아하는 사람들에게 참조가 될 수 있을 것이다.

한국 발레 연주가들에게는 별도의 *를 치지 않았는데, 한국 발레 연주가들의 음원은 하나같이 다 좋다. 찾아서 들어보면 정말 푹 빠질 것이다. 이 리스트가 발레 음악을 찾는 사람들에게 도움이 되었으면 한다.

Aly Tejas	Rob Thaller
Andrew Holdsworth *	Robin Rhodin
Ayumi Hirusaki *	Remina Tanaka *
Bruno Lawrence Raco	Shino Takizawa
Charles Mathews	Soren Bebe
Christopher N Hobson *	Sylvian Durand
Craig Wingrove	Trisha Wolf *
David Howard	권경미
David Plumpton	김소현 (Sohyunism)
Elena Baliakhova	김은수
Joey McNamara	김지현
Junko Hata *	김한나
Konstantin Mortensen	박수연
Laurent Choukroun *	신나래
Lorel Leal	최선경
Miwa Hoshi *	최영신
Nate Filfiled *	최지원
Nina Miller	Mia (Ballet Pianist Mia)
Normand Babin	Ruraday
Peter James	
Ray Linsey	

바, 센터 순서 따라 하기

순서 따라 하기의 어려움

발레를 하면서 참 어려운 것 중의 하나가 순서를 따라 하는 것이다. 발레를 하면 항상 바와 센터 순서를 선생님이 주는데 앞서 말했듯이 선생님에 따라 바 순서를 한 가지로 오랫동안 하는 선생님이 있는가 하면, 매번 순서를 바꾸는 선생님도 있다. 센터도 마찬가지다. 나처럼 순서를 잘 못 외우는 '순서 바보'한테는 한 순서 가지고 익힐 때까지 반복하는 선생님의 수업이 더 좋다. 그리고 꼭 순서를 못 외워서가 아니더라도 한 동작을 제대로 소화하지 못했는데 매번 새로운 동작을 하는 것은 별로 좋아하지 않는다. 그런데 여태까지의 경험으로 보았을 때 60% 이상의 수업에서는 선생님이 매 수업 바 순서를 새롭게 가져온다. 보통 바 순서에는 통상 패턴이 있는데, 이 패턴에만 조금 익숙해지면 새로운 순서가 나와도 적용해서 익힐 수 있게 된다.

이제 발레 연차가 어느 정도 되었는데도 불구하고 선생님이 순서를 내줄 때마다 버벅거릴 때가 종종 있다. 신기하게도 나보다 연차가 적은데도 순서를 기가 막히게 잘 외우는 사람들도 많이 있다. 어딜 가든 공부 잘하는 아이들이 있고 그렇지 않은 아이들이 있듯이 발레도 마찬가지이다. 나처럼 시작한 지는 오래 되었는데 항상 버퍼링 시간이 길어서 버벅대는 사람들이 있는 반면에, 얼마 되지는 않았지만, 빠릿빠릿 잘 따라 하는 사람들이 있다.

그래서 발레 바 순서를 익힐 때 나처럼 못 따라 하는 사람들을 위해 어떻게 순서를 외워야 효율이 오르는지를 생각해봤다. 솔직히 내가 이 부분을 누구한테 알려줄 수준은 아니지만 그나마 도움이 된다고 생각하는 것을 적어보았다.

1) 집중력

일단은 집중력이다. 집중력의 근력이 약한 사람들은 순서를 외우다가 어느 순간 집중력이 풀린다. 복근 크런치를 하다가 갑자기 더는 복압을 주는 것이 힘들어 배에 힘을 풀어버리는 것과 같은 원리인 듯 싶다. 중간에 집중력이 풀리면 아니나 다를까 앞부분 외우다 뒷부분을 잊어버린다든지 아니면 뒷부분 외우다

앞부분을 잊어버린다. 최대한 선생님이 순서를 줄 때 집중, 즉 두뇌의 집중 근력이 풀리지 않도록 크런치 하고 있어야 한다.

2) 패턴 익히기

앞서 바 순서를 한 달 동안 반복하는 선생님의 수업을 들었다고 하였다. 바 패턴 익히고 순서 외우는 것은 이 수업을 들으면서 가장 많이 향상되었던 것 같다. 계속해서 같은 것을 반복하니 하나라도 제대로 배우게 된다. 이렇게 반복하면서 배우게 되니 다른 수업에 가서 새로운 순서를 받아도 앞서 연습했던 패턴이 반복되어 곧잘 따라 할 수 있게 되었다. 초반에 순서 외우는 것이 힘들다면 한 순서를 오랫동안 반복하면서 익히고 그다음 순서를 또 제대로 외울 때까지 반복하는 과정을 지속한다면 바 순서와 패턴 익히는 것에 제법 적응할 수 있게 될 것이다.

센터 순서도 참 어렵다. 이것도 무한 반복해서 익히는 수밖에는 방법이 없다. 그래서 일단 먼저 순서를 외우고 동작 따라 하는 것을 계속 반복하면 그나마 센터 순서 외우는 습관을 익히는 데 도움이 된다. 순서를 외우지 않고 동작만 그때그때 따라 하면서 끝내버리면 항상 버벅거리게 된다. 하나도 제대로 소화 못 하고 매일 새로운 것만 하면 어떤 무슨 순서가 나와도 항상 버벅거리게 된다. 여전히 나도 버벅거리기는 하지만 반복

학습이 중요한 것은 발레에도 똑같이 해당한다. 이렇게 언제나 외울 숙제가 있는 발레 수업은 늙어도 나의 뇌를 게으르게 만들지 않을 것이다.

발레 얼마나 하셨어요?

회피하고 싶은 이 질문…

언젠가 레벨 1 수업을 듣다가 한 학생이 선생님에게 수업이 너무 어렵다면서 "다시 기초반으로 내려가야 하나요?" 하며 고민하는 소리를 얼핏 들었다. 그런데 선생님은 "아녜요. 여기 계신 분들 다 오래되신 분들이에요. 적어도 1~2년은 하신 분들이에요. 지금은 어려울 수도 있겠지만, 조금 더 버텨보세요"라고 말하면서 갑자기 멀리서 발레슈즈를 벗고 있는 나한테 "금정 씨, 배우신 지 얼마나 되셨죠?"라고 기습적으로 물었다. 분명 나를 포함해 1~2년 정도 배운 학생들이 많으니 그 학생보고 기죽지 말라는 뜻에서 질문하신 것이다. 나는 생각할 새도 없이 "아, 한 4~5년 정도 되었을 거예요." 그렇게 말했는데 순간 선생님의 경직된 얼굴이 보였다. 선생님은 당연히 내가 한 1~2년

한 실력이라고 생각하고 물어본 질문이었는데 '4~5년이나 되었다고?' 하는 놀란 얼굴을 아주 찰나였지만 순식간에 파악할 수 있었다. 순간 그 짧은 시간에 지나간 질문과 답변을 후회하면서 '허리 재활한 시간도 말했어야 했나? 아니, 초반에 에어로빅같이 배웠던 시간은 빼고 말했어야 했나?'라고 별별 구차한 생각이 다 들긴 했지만, 선생님 눈엔 명백히 나의 발레 실력이 4~5년 차가 아님을 파악한 시간이었다.

솔직히 누가 나보고 "발레 얼마나 하셨어요?"라고 물어보면 어디 쥐구멍에라도 들어가고 싶다. 집안 식구들, 친구들, 지인들 모두에게 나는 '언제나 발레를 열심히 하는 사람'으로 낙인찍혀 있다. 그만큼 수업도 빠지지 않고 열심히 들으면서 아무리 바빠도 발레는 빠지지 않는 열혈 수강생으로 몇 년을 살아왔건만 나의 발레는 아직도 정체 미상의 댄스에서 벗어나질 못하고 있으니 말이다.

아이러니한 것은 나도 이 질문을 회피하고 싶어 하면서도 사람들한데 꼭 물어본다는 것이다. "발레 얼마나 하셨어요?"라고. 그런데 솔직히 이건 아무 소용 없는 질문이다. 10년을 했는데 일주일에 한 번만 수업을 들은 사람도 있고, 2년을 했는데 정말 전공생처럼 한 사람도 있고, 1년을 했지만 어렸을 때 이미 발레 기초를 잡아놓았던 사람도 있고 아니면 배움의 속도가 정말 빠른 사람들도 있어 그 차이란 것이 너무나 크기 때문이다. 소용없는 질문이라도 나도 내가 왜 물어보는지 모르겠지만 그나마 나보다 오래 했는데 못 하는 것처럼 보이는 사람을 보고 위안을 받으려고 하는 것인지…. 이제 연차 수가 올라가고 있는 이 질문이 나에게 불리하다는 것을 알면서도 왜 굳이 물어보려 하는지 모르겠다. 이젠 대부분의 발레 회원들이 나를 보고 위안을 받을 텐데 말이다.

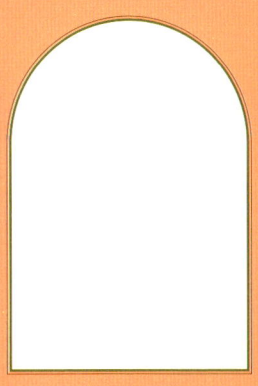

Lesson 4

뻣뻣한 내 몸을
알고 싶다

필라테스 자격증을 따다

내 몸은 왜
이 동작이 안 되나요?

필라테스 세계에 입문하다

워낙에 유연하지 않은 몸이기 때문에 발레를 하면서 부딪치는 산들이 많다. 기본적으로 발레는 유연한 몸이 필요하다. 근력은 어떻게 해서든 향상할 수 있다는 자신감이 있는데 유연성만큼은 발레를 하는 나에게는 치명적인 아킬레스건이다. 스트레칭을 무리하게 하다가 한번 호되게 추간판이 탈출한 이후로 유연성보다는 근력에 좀 더 치중해서 기초운동을 하였다. 근력이 늘어나면 특정 유연성을 요구하는 동작을 할 때 허리가 아프다든지 하는 몸의 통증을 줄일 수 있었다. 근력운동을 병행하니 그나마 안전하게 유연성을 증가시킬 수 있었다. 발레 하기 전의 유연성과 현재 유연성을 비교하면 정말 괄목할만한 성장을 했다. 하지만 항상 발레에서 요구하는 유연성은 솔직히

'과연 어떻게 더 열심히 해야 만들어낼 수 있을까?' 의문이 들었다.

발레를 하면 할수록 내가 완성하고 싶은 자세가 있다. 아라베스크Arabesque, 애티튜드Attitude 그리고 그랑 제떼Grand Jeté할 때 뒷다리 쫙 펴는 것 등인데, 제대로 동작을 하기 위해서는 적어도 내 몸이 유연성을 바탕으로 어떤 각도로 움직여줘야만 했다. 그래서 궁금했다. '도대체 내 몸은 어떻게 생겼길래 이토록 발레를 했건만 이런 동작들이 안 되는 것일까?' 하고 말이다.

그래서 생각하게 된 것이 '필라테스'였다. 나는 인체의 구조를 배우고 그에 맞는 운동을 직접 설계할 수 있는 능력을 원했기 때문에 그렇게 하려면 필라테스 자격증을 따는 과정이 적합할 것 같다는 생각을 했다.

필라테스 자격증 과정에 대한 설명을 들으러 갔는데 맨 먼저 교재를 보고 놀랐다. 첫 번째 페이지부터 인체의 골격과 근육에 대한 사진이었다. 필라테스 운동은 먼저 인체의 구조를 이해해야 그에 맞는 운동을 설계할 수 있다. 내 몸이었지만 솔직히 여태 근육 명칭도 제대로 모르고 살고 있었다. '적어도 필라테스 과정을 들으면 뼈와 근육에 관한 공부를 제대로 할 수 있겠구나.' 하고 덥석 등록하였다.

필라테스 이론 수업에서는 인체해부학을 공부하는데, 뼈와 근육 그리고 근육의 기시, 정지(즉, 근육이 어디서 시작되고 어디서 끝나는지)를 공부한다. 일단 이 방대한 양을 이해하는 것도 중요하지만 먼저 암기가 선행되어야 다음에 움직임을 이해할 수 있다. 내 몸에 웬 근육들이 이렇게도 많은지. 근육의 종류를 한글로만 외우는 것이 부족해 영어(영어 명칭은 세계 공통으로 쓰이기 때문에)로도 같이 암기해야 했다. 석 달 속성반이기 때문에 하루에 암기해야 하는 양과 숙제해야 하는 양이 엄청났다. 주말에도 재활 수업 특강이 잡혀 있어 짬이 날 때마다 숙제하고 외우고를 반복했다.

나이 들어서 공부를 다시 하게 되니 문득 드는 생각이 있었다. 말할 때 단어 생각이 안 난다든지 아니면 자꾸 깜박깜박하는 일이 생기면 농담 반, 진담 반으로 나이가 들어서 그렇다고 치부해버렸다. 학교생활이 끝난 이후 이렇게 열심히 무엇을 암기하면서 공부했던 적이 있었는지 기억이 안 난다. 물론 일하면서 관련 분야에 대해 열심히 암기하고 준비했던 적은 있었지만, 학교 다닐 때처럼 그 많은 과목을 달달 외우고 계속해서 쪽지시험 보고 숙제하고 머리를 끊임없이 괴롭히는 공부를 했던 기억은 감감하다. 그래서 뇌에 노화가 오는 것은 늙어서가 아니라 단지 우리가 학생 때처럼 머리를 사용하지 않아서 둔화하는 것이란 생각이 들었다. 만일 나이가 들어도 계속해서 학생 때처럼 열심히 외우고 시험 보고 하면서 항상 머리를 사용한다면 나이가 들더라도 뇌는 어렸을 때처럼 빠릿빠릿 작동될 것 같다. 즉, 잊어버리고 늦게 반응하는 것들은 나이가 문제가 아니라 단지 그만큼 사용을 안 해주니까 뇌가 둔화하는 것이라고.

발레 때문에 알게 된
필라테스의 세계

내 몸 사용법에 관한 공부

 어떻게 해도 극복되지 않는 나의 몸을 이해하기 위해 등록하게 된 필라테스 자격증반은 살면서 배워온 많은 공부 중에서 가장 유용하고 값진 공부 중의 하나였다.

 같이 수업을 듣는 사람들은 다양했다. 학교를 갓 졸업하고 자격증을 따서 필라테스 강사가 되려는 학생들이 대부분이었고 아이가 있는 전업주부들도 있었고 재활을 전공해서 필라테스 자격증을 따려는 사람도 있었다. 물론 반에서 내가 나이가 가장 많았지만, 원장 말로는 다른 반에는 퇴직하고 노후에 필라테스 학원을 운영하려고 수강하는 학생도 있고, 다른 분야에서 오랫동안 일하던 나이 많은 수강생도 꽤 있다고 했다. 수강하면서 나이가 문제 된 적은 없었다. 단지 열심히 안 하거나 불평만 하는 학생들이 문제가 된다면 되었을 뿐, 열심히만 한다면 나이는 문제가 아니었다. 나는 매사에 긍정적인 학생과 파트너가 되어서 서로 도우며 함께 열심히 공부했다. 발레를 꾸준히 한 덕분에 실기 과정은 그렇게 어렵다고 생각되지는 않았다. 문제는 엄청난 양의 해부학이었다.

일주일에 두 번, 각 4시간씩 그리고 주말 저녁에 수업이 있는 날에는 일주일에 4번, 각 4시간씩 집중적으로 진행된 필라테스 수업은 어마어마한 양의 암기와 방대한 양의 숙제들로 아주 인텐시브했던 과정이었다. 3개월간 이렇게 공부했지만, 인체해부학은 일종의 맛보기(?)에 그친 것이지, 진정 몸을 제대로 공부했다고 하기는 어렵다. 의사는 10년이 넘는 시간을, 몸에 대해 그것도 특정 부분만을 공부하고 또 공부한다. 그런데 3개월 공부한 내가 무슨 인체해부학을 감히 안다고 말할 수 있겠는가?

하지만 내 몸 사용법을 익히는 데는 아주 많은 도움이 되었다. 적어도 움직일 때 어떤 근육이 움직이는지, 운동할 때 어떤 근육에 초점을 맞춰서 운동해야 하는지에 대한 인지능력은 향상이 되었다. 필라테스 자격증을 땄음에도 불구하고 감히 내 몸 사용법을 완전히 안다고 말할 수 없는 것은 이 근육들이 모두 연계되어서 움직이는 그 메카니즘, 즉 기계로 따지자면 구조적 움직임을 이해해야 하기 때문이다. 수업 시간에 계속해서 배웠지만 모든 개개인의 상황은 다르다. 물론 크게 드러나서 쉽게 교정할 수 있는 부분도 있다. 하지만 개개인의 구조적 움직임이 복잡 다양한 이유로 필라테스 선생들이 잘 모르는 상태에서 함부로 판단해 잘못된 운동을 안내하면 더 나쁜 상태로 되기 때문에 아주 조심해야 하는 부분이다.

언젠가 미국에서 자수성가한 어떤 사업가의 인터뷰를 본 적이 있었는데, 인터뷰 내용은 운동을 통한 자기 관리에 관한 것이었다. 당신에게 10가지 운동만 골라서 하라고 하면 어떤 운동을 하겠냐는 질문에, 그 사업가는 10개만 고르는 건 힘들다는 표정을 지으면서 자신에게 꼭 필요한 운동을 하나하나 설명했다. 그 사업가는 허벅지 근육을 위해서는 레그 익스텐션은 빼먹을 수 없고 엉덩이 근육을 위해 스쿼트를 해야 하는 등 10가지 운동을 자신이 향상해야 하는 특정 근육과 연계시켜 요목조목 설명했다. 스쳐 지나듯 본 내용이라 정확하게 어떤 운동을, 어떻게 하고 있다는 것은 기억이 나지 않지만 보면서 감탄했던 이유는 자신이 사용하고 향상해야 하는 근육에 대한 이해를 바탕으로 꾸준히 운동하고 있다는 거였다. 그분은 헬스 트레이너도 아니고 자기 관리를 위해 꾸준히 운동하는 사업가이다. 물론

1:1 피트니스를 받으면서 운동하고 있겠지만 인상 깊게 보았던 내용은 본인의 근육에 대한 인지능력이었다. 나는 필라테스 자격증을 따기 전까지는 몸에 대한 인지능력이 없었다. 허리 통증이 있으면 지금은 "'장요근' 쪽이 뻐근한 것 같아요"라며 인지능력과 설명할 수 있는 능력이 생겼지만, 예전에는 허리가 아프면 허리 주변이 아픈데 통증에 관해 제대로 설명할 수 없었다. 50 평생 내 몸 사용법에 대한 교육을 받아본 적이 없으니 말이다. 솔직히 어렸을 때 달달 외웠던 암기 과목보다 자신의 몸의 기본적인 뼈와 근육에 대한 최소한의 교육이 더 중요하지 않을까? 하는 생각이 들었다.

아하, 이 동작에선
이 근육을 써야 하는구나!

발레와 필라테스

필라테스에도 발레와 마찬가지로 신전(Extension)과 굴곡(Flexion) 동작이 있다. 하지만 모든 필라테스 동작은 가동 범위 안에서만 진행된다. 절대로 무리하지 않는다. 하지만 발레는 일반인들이 함부로 구현하기 어려운 과한 신전과 굴곡 동작들이 많다. 발레가 가동 범위 밖에서 움직인다는 점이 필라테스와 가장 큰 차이점이다. 움직임에 차이가 나지만 필라테스가 발레에 도움이 되는 것은 사실이다. 그 이유인즉슨 첫째, 근육을 어떻게 사용해야 하는지 이해하는 데 도움이 되고, 둘째, 발레의 동작을 구현하기 위해서는 근육을 단련시켜야 하는데 이때 필라테스 동작들이 매우 도움이 된다. 역사적으로도 필라테스의 창시자, 조셉 필라테스가 뉴욕 시티 발레 무용수들의 재활을 도와

주고 이후로 많은 무용수가 필라테스를 통해 재활해서 오늘날의 필라테스가 유명해지게 되었다.

 현재 나는 아직 미숙하지만, 주짓수 체육관에서 매주 저녁에 필라테스 단체 수업을 진행하고 있다. 주짓수도 발레 못지않게 근력과 유연성이 필요하다. 앞서 말했듯이 소림사에 간다고 바로 권법을 가르쳐주지 않는다. 기초 체력을 길러야 비로소 권법을 할 수 있는 몸이 되는 것이다. 수업을 진행하면서 회원들에게 매일 하는 이야기가 있다. "솔직히 필라테스는 주짓수만큼 재미없죠? 하지만 다치지 않고 오래 하기 위해선 꼭 기초 근력운동이 필요합니다. 저도 제가 좋아하는 발레를 오래 하고 싶어서 어쩔 수 없이 재미없지만, 필라테스를 계속하고 있어요"라고. 그래서 항상 강조한다. 즐거운 취미 운동을 오랫동안 건강하게 하기 위해선 그 취미 운동이 필요로 하는 근육을 별도로 운동해주는 것이 필요하다고. 아무런 준비운동이나 근력운동 없이 취미로 운동을 하는 사람들은 자주 다친다. 아니면 오래가지 못하고 운동을 포기하게 된다. 세상의 이치가 그런 법. 항상 당근만 먹고 살 수 없듯이 힘든 채찍도 필요하다.

 필라테스를 배울 때도 몸에 대해 많이 배웠지만, 수업을 준비하고 진행하면서 참 많이 배운다. 내가 이해하지 못하면 가르치는 것이 어렵다. 그래서 수업 준비를 하면서 공부하는 과정에서도 배우고 실제 사람들의 몸을 보면서도 많이 배운다.

그러는 동안 발레 수업을 들을 때 근육의 움직임들을 더 잘 이해하기 시작했다. '그래, 이때 써야 하는 것은 중둔근이야. 아, 내가 약한 부분이 비복근이었구나' 등등. 옛날에 발레 관련 책을 사서 읽을 때 복잡한 근육 설명이 나오면 그냥 넘겨버렸는데, 이제는 이해하면서 넘길 수 있고 더 자세히 보게 된다. 정말 아는 만큼 보인다.

발레를 통해 필라테스의 세계에 눈을 뜨게 되었고 비로소 몸을 올바르게 이해하는 데 도움이 되는 공부를 제대로 하기 시작했다. 발레를 통해 내 삶이 얼마나 풍성해지고 있는가?

왜 발레를 하는데 뱃살이?

올바른 풀업Pull Up이란? 코어를 이해하다

 발레는 레오타드를 입고 계속해서 거울을 통해 자신을 보면서 하므로 마치 수영복을 입은 상태에서 자신의 몸을 매일 거울로 관찰하면서 춤을 춘다고 생각하면 된다. 이 얼마나 적나라한가?

 앞 챕터에서도 언급했듯이 난 레오타드를 입기까지 오랜 시간이 걸렸다. 하지만 일단 레오타드를 입기 시작하면 그 쫀쫀한 탄력의 옷이 헐렁한 살들을 타이트하게 잡아주기 때문에 날씬하게 만들어주는 레오타드의 매력에서 빠져나오기 힘들다. 그런데도 레오타드로도 커버하지 못하는 옆구리 살, 뱃살들이 거울을 보면 적나라하게 보인다. 그래서 발레를 하면 몸에 더 예민해질 수밖에 없는 것은 사실이다.

제대로 발레를 하려면 '풀업Pull-up'을 해야 한다. 발레에서 말하는 풀업이란 갈비를 조여주고 배꼽은 천장에서 누가 당기는 것처럼 항상 올려줘야 하고 어깨는 내리면서 조인 가슴을 복부와 함께 올려줘야 한다. 현대무용이 바닥과 친하게 지내야 하는 무용이라면, 발레는 공중에서 뜨는 무용이라고 말하는 이유는 발레에는 풀업이 있기 때문이다. 그만큼 몸을 바닥에서 띄워서 날아다니듯 위로 들어줘야 한다.

햇수로 5년여 가까이 발레를 하고 있지만 그만큼 풀업은 힘들다. 동작 하나하나 따라 하기 바쁜데 어떻게 갈비를 조이고 거기에다가 배꼽이 머리 꼭대기에 달렸다고 생각하고 몸을 끌어올리는 풀업 동작이 가능하단 말인가? 하지만 풀업 동작을 하지 않으면 또 발레가 아니다. 또다시 몸개그가 된다. 그리고 모든 동작이 무겁게 보인다. 발레는 통통 튀면서 날아갈 듯한 동작을 해야 하는데 땅하고 붙어서 힘들게 하는 동작은 발레 같아 보이지 않기 때문이다. 그나마 풀업을 하면 발레와 조금은 비슷한 동작들이 나온다. 한 동작을 해도 몸을 들어 올리듯 하는 동작과 생각 없이 하는 동작은 천지 차이가 난다.

그동안 풀업을 생각할 때 '그냥 몸을 위로만 들면 돼?'라는 막연한 생각이었다. 이 막연한 생각은 필라테스 해부학 시간에 코어 근육에 대해서 배우면서 풀업에 대해 보다 심도 있게 관찰하게 되었다.

통상 우리가 생각하는 코어라는 부분은 몸 중심부 또는 복부를 가리킨다. 하지만 해부학적으로 코어의 근육을 보다 정확하게 살펴보면 최심부의 근육을 의미하는 코어 근육에는 4가지가 있다. 쉽게 말하면 숨 쉴 때 사용하는 횡격막, 척추를 세워주는 척추 기립근 중에서도 다열근, 복부의 가장 심부에 위치하면서 코르셋같이 복부를 감싸주고 있는 복횡근 그리고 마지막으로 하복부의 장기들을 받쳐주고 있는 골반기저근, 이 네 가지다. 머리로 그려보면 위아래 숨 쉴 때 움직이는 횡격막부터 장기들을 들어주고 있는 골반기저근 그리고 몸통 둘레로 복횡근과 척추 쪽으로 다열근이다.

복부 근육인 복횡근과 척추 근육인 다열근은 코어 근육이라는 것이 금방 이해가 되었는데, 호흡할 때 사용되는 횡격막과 골반기저근까지 코어 근육에 해당하는지는 새롭게 알게 되었다. 즉 풀업을 제대로 하려면 코어 근육을 함께 '업'시켜야 하는데, 횡격막을 움직이면서 호흡을 올림과 동시에 골반기저근까지 같이 올려야 한다는 소리다.

코어 근육을 잘 생각해보면서 풀업을 하니 이해가 되었다. 예전에는 숨을 들이마시면서 배꼽만 들어 올리는 데 집중했다면 이제는 제대로 된 코어를 올리려면 골반기저근(즉, 케겔 운동을 연상하면 된다)도 같이 올리면서 축 처진 나의 뱃살뿐만 아니라 내부 장기들도 함께 올리려고 노력한다. 물론, 골반기저근은 최심부 근육이고 벽을 형성하는 개념이기 때문에 내장기를 위로 떠받치는 힘 자체는 부족하다. 이를 올리기 위해서는 골반기저근의 바깥에 위치한, 큰 근육인 둔근의 인지기능과 근력운동이 동반되지 않으면 힘들다. 그래서 올바른 풀 업을 위해서는 둔근도 함께 신경 써 줘야 한다.

물론 풀업이 머릿속으로 그려진다고 해서 쉽게 되는 것은 아니다. 적어도 이제는 머릿속으로 그리면서 좀 제대로 된 풀업을 하려고 나의 뱃살과 함께 노력하는 중이다.

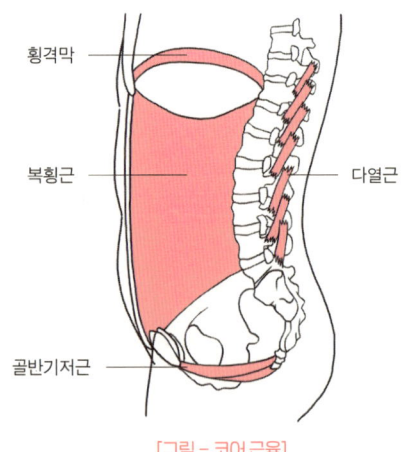

[그림 - 코어 근육]

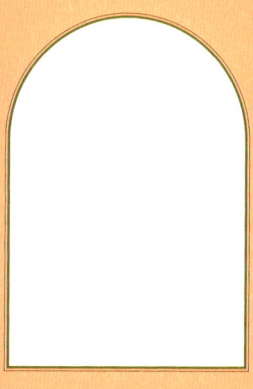

Lesson 5

콩쿠르에 나가다

콩쿠르에 나간다고요?
왜 콩쿠르에 나가는 것인지…

앞에서도 말한 적이 있지만, 다음 날 발레 수업이 있는 날이면 그 전날부터 기분이 좋아진다. '아, 내가 좋아하는 발레 수업이 있구나.' 이 생각만으로 행복해진다.

그래서 주변에 콩쿠르를 준비하는 취미발레생들을 보면서 스트레스를 받고 연습하는 과정들을 이해하지 못하였다. '아니, 취미발레를 뭐 저렇게까지 해….' 이게 그들을 보고 속으로 한 생각이었다. 난 그냥 감미로운 발레 음악을 들으면서 땀을 빼고 발레를 하는 것이 즐거운 낙이었기 때문에 그들이 받는 스트레스와 연습을 전혀 이해하지 못하였다.

발레든 무엇이든, 취미로 하든 본업으로 하든 잘하는 것을 하면 기분이 좋다. 특히나 잘하고 거기에 성과도 낸다면 얼마나 뿌듯한지에 대해 부인하는 사람은 없을 것이다. 잘하는 것을 할 때 자신감도 생기고 흥미도 생겨 잘하려고 더 노력도 하게 된다. 그래서 잘하는 것은 더 잘하게 된다.

 발레는 솔직히 내가 잘하는 것은 아니지만 너무나 좋아하는 것이다. 발레 수업은 항상 자신을 거울로 보면서 진행된다. 신기하게도 계속 보는 거울이라서 눈꺼풀에 뭐가 씌었는지 맨날 보면 그렇게 못해 보이지 않는다. 나만의 안경을 쓰고 나를 보기 시작하고 혼자서 잘한다는 상상에 빠진다. 진정한 나르시시즘에 빠지는 순간이다. 누가 그랬던가? 발레 할 때 보는 거울은 실제 자신이 동작하는 것보다 10배는 예뻐 보인다고. 그래서 자신이 하는 동작을 동영상으로 찍어보라고 한다. 그러면 자신의 실력이 적나라하게 드러난다고. 그런데 요즘은 동영상 찍을 때 필터도 있고 잘 찍히는 각도도 있어 여러 가지 방법으로 자신을 실제보다 잘 나타나게 할 수 있으니 객관적인 자신에 대한 평가는 솔직히 어렵다.

 발레는 동작이 아름답고 우아해 보여야 하는데 나쁜 습관이 몸에 배어 있다면 절대로 발레같이 표현하는 것이 불가능하다.

그런 나쁜 습관에 빠져서 매일매일 수업을 듣다 보면 내 발레 실력은 몇 년이 지나도 나아지질 않고 정체기에 빠진다. 이러한 정체기는 사실 정체기인지 모르고 꽤 오래가는데, 이 상태로 계속 지속하면 결국 실력은 나아지지 않고 그냥 언제 봐도 항상 어설픈 그 동작들을 계속해서 하게 된다.

언젠가 남편이 어떻게 발레를 배우러만 다니고 한 번도 연습하질 않냐고 물은 적이 있다. 그도 그럴 것이 예를 들어 턴을 향상하고 싶다면 턴이 제대로 될 때까지 반복해야 한다. 그런데 수업 시간에 내 차례가 오면 대략 2~3번 정도 턴을 할 기회가 온다. 그렇다면 70~80분 수업을 열심히 들으면서도 정작 연습해야 하는 턴에는 그 많은 시간 중에 1분도 할애하지 않는다는 소리다. 따로 연습하는 시간이 없다면 수업만 듣고 어떻게 턴을 잘하기를 기대할 수 있으랴?

그래서 결정하게 되었다. 몇 년이 지나도 발전하고 있지 않은 발레 실력을 좀 향상하고 싶었다. 콩쿠르라는 목표가 정해지면 준비를 해야 하니까 어쨌든 그 기술을 반복해서 연습하게 되지 않을까 하는 생각이 들었다. 뭘 잘해서 무대에 서겠다는 것이 아니라 콩쿠르라는 목표를 정해놓으면 나를 연습하게 만들 수 있지 않을까. 시간이 지나도 나아지지 않는 이 발레 실력을 좀 끌어 올릴 수 있지 않을까 하는 생각이 들었다. 그래서 나는 50을 앞두고 이제껏 학창시절에도 단 한 번도 서보지 않았던 독무대 공연, 즉 솔로 콩쿠르에 나가기로 결심했다.

콩쿠르를 준비하며
어떤 작품을 골라야 하나?

일단 콩쿠르를 한다고 결정하고 나니 마음가짐이 심란해졌다. 목표가 정해지니 마음이 무거우면서도 동시에 연습할 생각에 가슴이 벅차올랐다.

처음에 먼저 해야 할 일은 작품 선정이었다. 후에 알게 된 사실이지만 작품 선정은 굉장히 중요하다. 나를 잘 아는 선생님에게 미리 자문하거나 아니면 콩쿠르 경험이 많은 사람에게 내가 어떤 작품을 해야 잘 소화할 수 있는지 등에 대한 사전 리서치가 필요한 부분이다.

나는 늘지 않는 실력 때문에 콩쿠르에 나가고 싶었던 것이어서 그동안 제대로 하지 못한 동작들로 구성된 작품을 선정하기로 마음을 먹었다. 그래야 어떻게든 콩쿠르 전까지 그 동작에 숙달하려고 연습하지 않겠냐는 생각 때문이었다.

발레 작품은 내가 알고 있었던 것보다 훨씬 더 많이 있었다. 나의 목표는 궁극적으로 센터를 잘하고 싶었으므로 센터 동작들이 집약되어 있는 작품을 찾기 위해 이것저것 살펴보았다.

내가 고른 작품은 〈해적Le Corsaire, 메도라 바리에이션Medora Variation〉이었다. 통상 알고 있는 3막 파샤의 정원 〈메도라〉가 아니라 원래는 남자 작품인데, 일본에서 여자 안무로 바꿔서 만든 작품으로, 별로 알려지지 않은 작품이다. 이 작품에서는 람베르세Renversé, 훼떼 턴Fouetté Turn, 왈츠Waltz, 피케Piqué, 쉐네Chaînés 등 센터에서 잘하고 싶은 동작들이 모두 모여 있었다. 중간에 그랑 점프Grand Jump가 세 번 나와서 허리 때문에 고민하긴 했지만 그래도 이렇게 배우고 싶은 센터 동작들만 집중적으로 나온 작품을 고르기가 쉽지 않기 때문에 '점프는 그냥 연습해보자'라는 마음으로 작품을 선정하였다.

그동안 센터를 하면서 잘하고 싶었던 람베르세(정면을 보고 애티튜드를 예쁘게 만들고 정지해야 하는데 유지하지 못하고 그냥 넘어가 버리는), 왈츠(우아하게 잘하고 싶지만, 그 우아한 동작을 어떻게 해야 하는지 모르는), 피케(그나마 자신 있는 부분이었는데 연습하면서 한계를 느낀), 쉐네(다리가 계속 벌어지고 시선 처리를 제대로 못 하는) 그리고 훼떼 턴('과연 취미발레생이 훼떼 턴을 할 수 있기나 한 거야?' 하고 감히 엄두도 못 냈던)이 들어 있는 작품이었다.

 지금 생각해보면 야심에 찬, 너무나도 야심에 찬 작품 선정이었다. 보통 많은 발레 작품들에는 그 특유의 작품을 표현하기 위해서 중간중간에 표현 동작들이 많이 들어 있다. 나는 이런 표현 동작들은 어차피 센터에도 나오지 않는데 연습할 필요가 없다고 생각해서, 오직 발레 수업에 필요한 테크닉으로만 구성이 된, 1분 20초의 〈메도라 바리에이션〉을 용감하게 선정하였다.
 처음에 시작할 때는 야심 찼지만, 시간이 갈수록 왜! 이토록! 제대로 하지도 못하는 동작들만 모인 작품을 골랐는지 후회를 거듭했다. 하지만 시간이 지나갈수록 번복할 수는 없었기 때문에 연습에만 매진해야 했다.

 아마도 다음에 콩쿠르를 준비한다면 제대로 소화하고 풍부하게 연습할 수 있는 즉, 내 수준에 맞으면서 작품의 완성도를 높이도록 연습할 수 있는 작품을 고를 것이다. 아무것도 모르는 첫 번째 콩쿠르이기 때문에 연습하면 무조건 할 수 있다는 야심이 컸고 그 때문에 무모하게 작품을 선정한 것 같다.

그래서 콩쿠르에 참여한다고 마음을 먹은 사람들에게 말할 수 있는 팁은 꼭 자신을 잘 아는 선생님에게 자문해 잘 표현할 수 있는 작품, 그리고 디테일까지도 풍부하게 연습해서 완성도를 높일 수 있는 작품을 선정해야 한다는 것이다. 나처럼 제대로 못 하는 것들로만 구성된 것을 선택해서 연습량이 턱도 없이 부족해 허덕였다가는, 한 동작도 제대로 마스터 못 하고 데드라인에 가까워져서 대강대강 준비하기에 급급해질 것이다. 아마도 콩쿠르와 관련한 다음의 글을 읽다 보면 어떻게 해야 할지 감을 잡을 수 있을 것이다.

과정의 즐거움을 느끼기 시작하다

훼떼 턴이 가능하긴 한 거구나…

콩쿠르를 준비하며 본격적인 연습에 들어갔다. 콩쿠르 동작에 대한 연습을 반복하기 시작하니 허리, 무릎 관절에 평소보다 더 많은 통증을 느끼기 시작했다. 그래서 연습하기 전에 근육을 잡아주는 운동을 빼먹지 않고 해야 했다. 근육운동은 평소에 발레 수업을 들으러 가기 전에도 해줘야 했지만, 콩쿠르 연습은 같은 동작만을 반복해서 하는 경우가 많아 특정 부위의 관절에 무리가 가지 않도록 주변 부위 근육운동을 꼭 해야 했다.

그래서 콩쿠르 연습 1시간을 하려면 일단 헬스나 필라테스 등 근육운동을 30~40분 정도 했다. 콩쿠르 연습은 같은 동작을 반복해서 하는 것이기 때문에 1시간을 집중해서 연습하는 것이 보통 힘든 것이 아니었다. 예전에는 음악을 틀어놓고 하고 싶은 것만 해서 시간 가는 줄 몰랐지만, 특정 동작에 대해 계속해서 반복하는 훈련은 1시간을 넘기기가 힘들었다.

《탤런트 코드》(대니얼 코일 저/웅진 지식하우스)라는 책을 읽은 적이 있는데, 이 책에서는 심층 연습에 대해 심도 있게 다루고 있었다. 심층 연습이란 이미 뇌에서 만들어지지 않은 길을 만들어나가는 과정, 즉 미엘린°이 생성되어가는 과정인데, 안 되는 것을 제대로 반복해서 심층 연습을 해야 미엘린이 두꺼워지면서 실력이 향상된다. 잘 안 되는 것, 즉 뇌에 만들어지지 않은 길을 만들어나가면서 연습해야 실력이 늘지, 이것저것 두서없이 연습만 주야장천 한다고 무조건 실력이 느는 게 아니라는 것이다.

미엘린
뇌 속의 신경섬유를 감싼 지질이 풍부한 물질로서 전선의 피복과 비슷하다고 볼 수 있다.
미엘린은 뇌신경의 신경 신호 누수를 방지하고 신호 전달 속도를 수십 배 증폭하는 역할을 한다. 또한 특정한 학습이나 연습을 할수록 해당 신경섬유의 미엘린 두께는 계속 두꺼워진다고 하며 일생 동안 미엘린은 뇌섬유를 계속 감싸고 두꺼워짐으로써 신경 전달 속도 및 지능이 올라가는 효과가 있다고 한다.
통상적으로 미엘린은 한번 뉴런 사이의 신경을 감싸면 질환이나 노화의 경우를 제외하고 소멸되지 않는다. (나무위키 발췌)

《탤런트 코드》를 읽고 발레 연습일지를 적기 시작하였는데, 그 제목은 바로 '미엘린 생성 일지'이다. 그렇게 고쳐야 하는 부분을 적어놓고 심도 있게 연습해야 하는 부분을 반복하기 시작했다.

〈메도라〉 작품에 나오는 테크닉 중에서 가장 걱정이 되었던 것은 '훼떼 턴°' 부분이었다. 다른 동작들은 그나마 어설프게 따라 할 수라도 있었는데 훼떼 턴은 아예 시도조차도 하지 못하는 영역이었기 때문이다. 그 때문에 자다가도 벌떡 일어난 적이 한두 번이 아니었다. 훼떼 턴을 위해 쁠리에 업(무릎을 굽혔다가 까치발을 하는)만 반복해서 연습했는데, 도대체 언제쯤 훼떼 턴이 완성될 수 있을지, 콩쿠르 전까지 완성할 수 있을지 초조해지기 시작했다.

그런데 어느 순간, 신기하게도 훼떼 턴이 되기 시작했다. 훼떼 턴을 연습하면서 '이게 도대체 내가 할 수 있는 영역일까?'라고 회의감이 들 때가 한두 번이 아니었는데, 신기하게 한 바퀴 성공하더니 두 바퀴, 세 바퀴까지 성공할 수 있게 되었다. 쁠리에 업만 반복하면 되는 과정이었지만 처음에는 발목에 힘도

훼떼 턴Fouettee Trun
팽이로 치듯이 다리를 들고 제자리에서 도는 턴.

안 들어가고 균형도 제대로 못 잡고 시작하는 지점과 끝나는 지점이 항상 달랐지만, 한 두어 달 정도를 반복하다 보니 휘떼 턴이 되기 시작했다. 정말 신기한 결과였다. '이렇게 집중해서 연습하니까 되는구나….' 하는 것을 실감하게 되었고 과정은 힘들었지만 일단 만들어지니 재미가 붙기 시작했다. 아마도 콩쿠르 준비가 아니었다면 즉, 목표를 뚜렷하게 세워놓지 않았더라면 이 턴을 완성하려고 계속해서 심층 연습을 하지 않았을 것이다.

어렸을 때 난 바이올린을 제법 잘 연주했다. 커서 바이올린에 대한 향수로 레슨을 잠깐 다시 받아볼 기회가 있었는데 선생님들이 한결같이 빨리 잘 배운다고 칭찬을 하였다. 이미 어렸을 때 생성된 미엘린이 있었기 때문에 몇십 년이 지나도 단지 거기에 조금만 기름칠 좀 해주었더니 그 감각을 금방 찾은 것이다. 그러나 발레는 아니다. 어렸을 때 생성해놓은 발레 미엘린이 전혀 없고 몸치인 나 같은 사람들이 발레 실력을 향상할 수 있는 단 하나의 방법은 바로 심층 연습뿐이다. 하지만 심층 연습은 고도의 집중과 반복을 요구하기 때문에 재미없는 시간의 연속이다. 나에게 발레는 정말 하루하루의 오아시스 같은 낙이었는데, 이 심층 연습에 들어가고 나면서부터 그 낙은 없어지고 스트레스가 쌓이기 시작했다. '도대체 왜 안 되는 거야?'

하지만 휘떼 턴이 막 되기 시작했을 때의 그 짜릿함은 연습을 진심으로 해본 사람만이 알 것이다. '아, 나도 이게 되는구나. 이게 가능하구나'라는 만족감에 이어 '이제 휘떼 턴 마지막에 두 번 도는 투 턴 넣는 것을 연습해볼까?' 하고 또 스스로를 챌린지하게 된다. 심층 연습은 고달프지만, 목표를 달성해서 따 먹은 그 달콤한 열매의 맛에 다시금 나를 채찍질하게 되는 것이다.

실로 이 콩쿠르 준비는 나에게 명확한 데드라인과 목표를 주었고 그것에 매진할 수 있도록 나를 집중할 수 있게 하였다. 그러면서 정체기에 빠졌던 발레 실력이 조금씩 올라가고 있음을 느낄 수 있었다. 그동안 제대로 보지 못했던 시선 처리라든지 제대로 업을 서지 못하고 돌았던 턴이라든지, 나의 문제점들을 하나하나 인지하면서 연습할 수 있는 시간을 보낼 수 있게 되었다. 이것이 콩쿠르 준비의 가치이며 매력이 아닐까 싶다.

첫 콩쿠르를 경험하면서

그 큰 무대에 발을 내디디면서

3월부터 본격적으로 콩쿠르 준비를 시작했다. 6월 초 콩쿠르를 목표로 석 달이면 충분히 준비하고 나갈 수 있다고 생각했는데, 지도 선생님이 5월에 예비로 한번 나가보는 것이 어떠냐고 제안했다. 5월이면 아직 준비도 덜 되었고 고칠 것투성인데 '내가 제대로 할 수 있을까?'란 걱정이 앞섰다. 하지만 잘하건 못하건 일단 '한 번도 겪어보지 않은 무대부터 경험해보자'라는 것이 5월 콩쿠르의 목적이었다.

무대 경험…. 무대에서 내가 가질 수 있는 시간, 길어야 1분 20초.

나는 많은 사람 앞에서 발표나 강연을 해본 경험이 꽤 있는 편이다. 그렇지만 경험이 있다고 해서 떨리지 않은 것은 아니다. 수많은 청중 앞에서 무수히 발표했음에도 불구하고 초반에는 항상 많이 떨린다. 하지만 그 떨림을 중간중간 호흡으로 조절하고 조금 지나 발표에 더 집중하면서 긴장을 잡아내고 원래의 페이스를 찾게 된다. 아무리 발표 경험이 많다 한들 그만큼 내 페이스를 찾기까지 어느 정도의 시간이 필요하다.

하지만 콩쿠르는 아니다. 나에게 주어진 시간은 1분 20초. 그 짧은 시간 동안 본인의 페이스 조절하고 떨리는 심장을 가라앉히고 자신이 연습한 것에 집중해야 한다.

그래서 첫 콩쿠르를 준비하면서 바로 1분 20초라는 시간 안에 과연 마인드 컨트롤을 할 수 있는지 시험해보고 싶었다. 많은 청중 앞에서 발표할 때 떨리는 것은 항상 '연습'으로 잡아냈다. 스스로 어떻게 발표하는지 시선이나 제스처 등을 관찰하기 위해 동영상도 찍어보고, 아는 사람 앞에서 리허설도 해보는 등 연습에 연습을 반복한다. 내가 생각해도 부족함이 없다고 생각할 때 비로소 준비된 것이고 준비를 많이 한 만큼 긴장도 줄어든다. 이렇게 만족할 만한 연습을 했음에도 불구하고 떨림을 잡지 못하거나 실수를 할 때가 있다. 그건 내 '자기애'가 너무 강할 때다. 아무리 완벽하게 준비했다고 하더라도 떨리는 것을 컨트롤하지 못하고 예상 못 한 실수를 하는 경우는 발표에 신경 쓰지 않고 나 자신에 신경 썼을 때이다. 자기애가 강하면 자신이 준비한 발표보다 주변의 시선을 지나치게 의식하기 시작하게 된다. 주변을 의식하면 발표의 본질에서 멀어지게 된다. 내가 얼마나 잘하는지 보여줘야지, 남들이 날 보고 실망하지 않게 해야지 등 남의 이목에 집중하기 시작하면 신기하게도 그 발표는 긴장에 긴장을 더해 산으로 간다. 하지만 '연습한 것만 제대로 하자. 이것을 보러 오는 사람에게 어떻게 잘 전달할 수 있을까?'라는 목적과 과정에 집중하면 100% 발표는 성공적이고 반응도 긍정적이다.

이 원칙은 항상 청중 앞에 설 때 통했다. '준비한 것만 제대로 하자', '내가 가진 것으로 청중에게 도움을 주자'라는 원칙은 발표에 집중할 수 있게 한다. 이는 내가 자아에 빠지지 않도록 통제하는 마인드 컨트롤인데, 이번 콩쿠르에서는 이 마인드 컨트롤에 주어진 짧은 시간이 있다. 1분 20초. '내가 과연 할 수 있을까?' 이것이 나에게 주어진 첫 콩쿠르의 과제였다.

첫 콩쿠르는 무대가 크기로 유명한 상명대 계당홀에서 진행되었다. 일반부에서 총 13명의 참가자가 나왔는데 발표 순서는 나이순으로 진행되어서 나는 맨 마지막 번호를 받았다. 콩쿠르를 시작하기 전에는 무대 개방시간이라고 해서 대략 10분 정도 무대 동선을 체크할 시간을 준다. 보통 무대 시간이나 대기 시간 등에 대한 안내정보가 콩쿠르 전에 공지가 되는데, 나는 업데이트된 공지를 체크하지 못해서 무대 개방시간도 놓치고 까딱하면 발표도 제시간에 못할 만한 간당간당한 시간에 콩쿠르장에 도착했다.

계당홀에 들어서는 순간 분야별로 온 무용 참가자들이 군데군데 모여서 몸을 풀고 있었다. 헐레벌떡 접수장을 찾고 대기장소를 가까스로 찾았다. 화장도 좀 고치고 몸도 풀 계획이었으나 신발 갈아신을 시간조차 없었다. 도착하자마자 참가자들이 번호순으로 줄을 서서 무대 뒤로 들어가고 있었다. 지도 선생님은 참가자들 옆에 나와 함께 서서 늦지 않았으니 걱정하지 말라고 나를 안심시키시려고 노력하였다. 무대에 들어가면서 그나마 의지하던 선생님과 헤어지고 나니 긴장감이 더 솟구쳤다. 그 당시 슈즈에 리본을 달았는데 아무리 해도 리본 끈이 정리가 안 되는 것이었다. 신발 끈 하나 제대로 정리 못 할 정도로 긴장하고 있었다. 심장이 터질듯한 떨림은 솔직히 없었다. 하지만 고도의 긴장은 가득했다. 가까스로 신발 끈을 묶고 나서 무대 뒤에서 상황 정리를 하기 시작했다.

첫 무대였으나 무대 개방시간을 놓쳤기 때문에 동선을 미리 파악하는 것이 불가능했다. 놓쳤다는 불안감에 긴장은 최고조에 달했고 무대 뒤에서 최대한 방향을 인지하려고 연습했다. 연습하다가 갑자기 머리가 까매져서 작품 순서도 잊어버렸다. 그나마 다행히도 나이순으로 진행해서 13번, 젤 마지막에 진행할 수 있는 것을 감사해야 했다. 차츰차츰 머릿속이 정리되기 시작하면서 내 차례가 다가왔다.

이제 시간이 되었다. 그냥 연습한 것만 제대로 좀 해보자.

그리고 콩쿠르가 시작되었다.

참가번호 13번 윤금정, 해적 메도라 바리에이션….

첫 콩쿠르 결과

현타란 말은 이때 쓰는 것이죠?

1분 20초. 솔직히 많이 떨리지는 않았다. 그러나 긴장은 많이 했다. 1분 20초의 콩쿠르가 끝났지만 조여진 심장은 여전히 풀리지 않았다. 집에 오자마자 소파에 몸을 던져 푹 꺼져 있는데 여전히 심장은 쫀쫀해진(?) 긴장 상태를 그대로 유지하고 있었다. 잘 때쯤 돼서야 비로소 긴장이 조금이나마 풀렸던 것 같다. 테스트하려 했던 1분 20초의 마인드 컨트롤은 비교적 잘한 것 같다. 주변은 의식하지 않고 작품에만 집중했던 것 같다. 물론 내가 연습한 것의 1/3도 제대로 못 했지만 말이다. 아마도 응원해주러 온 사람들이 있었다면 그들에게 잘 보여야지, 잘해야지 하는 마음 때문에 마인드 컨트롤에 실패하고 많이 떨 수도 있었을 것이다. 하지만 지도 선생님과 나 둘이서만 참가했던 콩쿠르라 오롯이 작품에 집중할 수 있었다.

  지도 선생님이 2층 관객석에서 찍은 내 경연 동영상을 보내주었다. 2층에서 찍어서 보내준 것이고 상명대 계당홀은 어마어마하게 컸기 때문에 디테일은 찍히지 않았다. 무대 동선을 체크하지 않고 진행했기 때문에 처음 나와야 하는 것보다 너무 많이 나와서 시작한 점, 그 큰 무대 동선을 아슬아슬하게 썼던 점 등 고쳐야 할 큰 그림들만 동영상에서 전달되었다. 멀리서 찍은 거라 발레에서 지켜야 하는 디테일은 별로 보이지 않았다. 남편과 딸들은 영상을 보고 잘했다고 칭찬하기 바빴다. 나도 멀리서 찍은 거로만 봐서는 나쁘지 않다고 내심 생각하고 있었다.

  다음날, 신속한 정보통을 자랑하는 발레 동료로부터 축하 메시지를 받았다. '은상이에요. 축하해요.' 하면서 보낸 문자였다. 문자를 보고 알았다. '아, 그렇다. 내가 한 건 콩쿠르지? 그래서 심사 결과가 나오는구나.' 솔직히 이렇게 경연 결과가 나올 줄 생각하지도 못했다. 경연이란 목적에서 한 것이 아니므로 상이 나온다는 게 생소했다. 나는 어디서 수상자를 발표하는지 찾지 못해 '은상'이라는 축하 메시지에 내심 날듯이 기뻤다. 그동안 컨트롤했던 자기애가 막 뛰쳐나오기 시작했던 순간이었다. '은상'. 내가 나이도 젤 많았는데 2등을 하다니…. 역시 그동안 꾸준히 연습하고 마인드 컨트롤했던 것이 효과가 있었다고 하면서 스스로를 칭찬했다. 그 짧은 시간, 아마도 한 30분 동안 혼자서 칭찬하면서 온갖 자만에 빠져 있었다. '은상. 2등이야. 이 나이에 경쟁해서 2등을 하다니 대단해.' 하면서 말이다.

곧 수상 결과가 나온 사이트에 들어가서 결과를 확인했다. 은상은 내가 통상 생각하는 금상 1등 다음에 오는 은상 2등이 아니었다. 여기는 참여한 13명에게 모두 다 상을 주었다. 최우수상, 금상, 은상, 동상 이렇게 나뉘었는데, 총 13명 중에서 2명이 최우수상, 5명이 금상, 4명이 은상, 그리고 마지막으로 2명이 동상이다. 순위로 따져보면 13명 중에 8등에서 11등 사이다. 혼자서 기특해하면서 2등이라며 스스로를 칭찬했던 30분의 영광은 금세 사라져버렸다. 8등에서 11등 사이면 절반에서도 하위그룹에 속한다는 소리이다. 순간 다시 숙연해졌다. 그리고 스스로를 위로하기 시작했다. '뭐 그래, 등수, 그렇게 중요한 건 아니잖아. 꼴찌 아닌 게 어디야. 얼마나 값진 무대 경험인가'를 따지면 순위가 낮은 것쯤이야 용서할 수 있었다.

문제는 수상 결과 후에 받은 나의 공연 영상자료였다. 정직한, 너무나도 정직한 공연 영상자료였다. 이 영상자료는 한마디로 '아…, 차마 눈 뜨고 못 보겠다.' 정도의 수준이었다. 이렇게 했는데 8등에서 11등 사이를 한 것은 정말 상을 후하게 받은 것이다.

그래도 연습하면서 동영상도 찍었는데 항상 연습해서 찍은 동영상들은 모두 예쁜 각도에서만 찍었나 보다. 나의 어설픈 시선 처리, 어정쩡 이상해 보이는 동작들, 무대 전문장비로 찍은 공연 영상에는 정말 적나라한 나의 모습이 고스란히 담겨 있었다. 이건 여태 발레를 진짜 나르시시즘에 빠져서 한 것인지…. 발레가 아니라 도대체 어떤 장르의 댄스이던가? 그래도 발레만의 우아함과 아름다움을 구현해야 하는데, 이건 장르도 모호한 댄스를 혼자 그 큰 무대에서 심취해서 하는 것이었다.

아, 현타(현실 자각 타임). 현타란 말을 딱 이런 상황에서 쓰는 것이로구나. 정말 망치로 머리를 맞은 듯 내 발레가 어떤지에 대한 현실 파악이 고스란히 인식되는 시간이었다.

그동안 그렇게 연습했는데, 그렇게 반복하고 홀 대관까지 해가면서 2개월 넘게 하루도 빠짐없이 열심히 연습했는데, 이런 참담한 댄스를 하는 나의 모습을 보고 정말 왜 여태까지 이렇게 진을 빼고 발레를 했는지 너무나도 속상한 순간이었다.

계속되는 콩쿠르 준비
고도의 스트레스를 겪으면서

첫 콩쿠르 영상을 통해 가장 보기 싫었던 부분은 바로 흐물흐물 명확하지 않은 동작들이었다. 한 동작, 한 동작 꼼꼼하고 정확하게 구현해야 하는데, 발목, 허벅지, 엉덩이, 코어 등에 힘이 하나도 안 들어가서 흐물흐물하게 동작하는 것들이 가장 보기 싫었다. 지도 선생님과 동작 하나하나를 꼼꼼히 살펴보고 한 동작이라도 제대로 구현하기 위해 기초 근력운동과 병행할 수 있도록 다시 연습 목록들을 노트에 꼼꼼히 적었다. 가장 시급한 문제는 엉덩이를 조이는 힘과 코어 문제였다. 즉 둔근과 복근을 강화해야 했다. 그러나 그동안 안 되던 것이 몇 주 빠삭하게 운동한다고 갑자기 잘 될 리가 만무하다. 막상 다음 콩쿠르는 2주 정도 남았는데 고쳐야 할 문제점들은 산더미 같았다. 평소에 근력운동은 했지만 내가 한 운동은 허리 부상 방지를 위한 근력운동이었다. 하지만 발레를 잘하기 위해선 발레 근력운동과 스트레칭을 병행해주어야 했다. 제대로 오랫동안 무용을 하는 무용수들이 끊임없이 근력운동을 해주는 이유는 부상 방지는 기본이고 동작을 더 제대로 아름답게 구현하기 위해서이다.

다시 한 시간의 콩쿠르 연습을 위해 허리를 보호하기 위한 헬스, 필라테스는 물론 콩쿠르에 나오는 발레 동작들을 위한 발목운동부터 엉덩이 및 장요근 운동까지 마치고 나서 콩쿠르 연습을 시작했다. 적어도 기초운동을 한 시간 넘게 해준 후에 콩쿠르 연습을 시작하니 하루에 2시간 이상은 기본이었다. 아무 생각 없이 발레 수업을 들으러 다닐 때는 연속으로 수업을 들은 적도 많아 2~3시간 수업하는 것은 별로 힘든 일도 아니었다. 고작 두어 시간 가지고 '뭐 그렇게 엄살을 부리냐.' 할 수도 있다. 엄살을 부리는 이유는 단순했다. 왜냐. 기초운동하고 반복하는 이 과정이 즐겁지 않았기 때문이다. 솔직히 1시간이 넘는 기초운동이 고역이었다. 발레 수업 들으러 다닐 때는 그나마 허리를 보호하기 위해 헬스와 필라테스를 잠시 한 것이 전부였는데, 이제는 발레 동작을 제대로 구현하는 데 필요한 근력운동을 먼저 꼼꼼히 해줘야 그나마 동작이 흐물흐물하지 않고 비슷한 흉내라도 낼 수 있었다. 지도 선생님이 발목 힘을 기르기 위해서 반드시 밴드로 꼼꼼하게 발목운동을 하라고 가르쳐주었지만, 밴드 발목운동만 꼼꼼히 해도 20~30분씩 소요되는데 재미있을 리가 없었다. 그 전날부터 설렜던 발레 수업은 이제는 눈을 뜨면 부담감과 함께 '아, 이게 언제 끝나나?' 하는 생각으로 가득 차 있었다.

6월 첫째 주에 두 번째 콩쿠르 그리고 6월 둘째 주에 마지막 콩쿠르가 남았다. 콩쿠르 때 아프면 안 되어서 체력관리를 해야 했는데, 5월 막바지 코로나가 기승을 부리고 아이들이 어디서 그렇게 감기를 옮아서 오는지 번갈아 가면서 아프기 시작했다. 아플 것 같다는 징후가 오면 바로 병원에 가서 고용량 비타민C 며 감초주사 수액을 맞으면서 체력을 유지했다. 그렇게 빼려고 노력했던 살이 쭉쭉 빠지기 시작했다. 소위 말하는 마의 3kg, 출산 후 어떻게 해도 빠지지 않았던 그 마의 3kg가 어느 순간에 빠져 있었고 신기하게 먹어도 살이 찌지 않았다. 평상시 55kg 정도를 유지하고 있었는데, 이제는 밤에 먹어도 52kg가 계속해서 유지되었다. 그도 그럴 것이 아파서 제대로 먹지도 못하고 스트레스와 긴장으로 인해 잠도 제대로 못 자는 날이 연속되었기 때문이었다. 입안은 항상 헐어 있었고 신경은 고도로 예민해져 있었다. 살이 찌려야 찔 수 없는 환경이었다.

6월이 가까워지면서 콩쿠르 준비하는 것이 하나도 즐겁지 않았다. 나의 행복한 발레는 어느 순간 너무나 큰 스트레스 덩어리가 되어 나를 억압하고 있었다.

콩쿠르, 이렇게 적나라하게 순위를 발표한다고?

바닥을 경험하다

두 번째 콩쿠르는 한결 편한 마음으로 갈 수 있었다. 학원에서 같이 수업을 들었던 동료들도 함께 참여하는 콩쿠르라 첫 번째 갔었던 긴장감과는 비교가 안 될 정도로 안정된 상태에서 콩쿠르에 임할 수 있었다.

작품을 시작하기 전에 '엉덩이를 꽉 조여주는 대둔근과 흔들리지 않게 자세를 유지하는 복부'를 리마인드하면서 무대 뒤에서 열심히 작품을 연습했다. 2주, 얼마 되지 않았던 시간이지만 그래도 꾸준히 한 기초 근력운동 덕분에 대둔근과 복부에 힘이 더 들어가 처음보다는 조금 더 안정된 동작이 나오는 것 같았다.

콩쿠르는 신청순으로 진행되었으며 총 28명 중에 6번째로 공연을 하였다. 공연은 시작되었고, 초반에 착지를 제대로 못 했지만, 아주 큰 실수 없이 무난히 진행된 무대였다. 나름 만족하며 객석으로 가서 다른 참가자들을 볼 수 있는 여유도 있었다.

2층 관객석에서 내 순서 이후로 진행하는 참가자들을 관람할 수 있었는데, 2층이라 꽤 거리가 있을 것으로 생각했으나 참가자들의 눈빛, 떨림 등 아주 미세한 동작들까지 다 관찰할 수 있었다. '저 사람 떨고 있구나', '저 사람 무대를 즐기고 있구나', '정말 작품을 잘 소화하는구나', '진짜 못한다. 그런데 작품은 참 재미있게 한다' 등등 많은 생각을 하면서 참가자들을 지켜볼 수 있었다. 이번 경연에서는 생각보다 나이가 많아 보이는 참가자들이 제법 보였다.

나의 지도 선생님은 이번 콩쿠르에서 경연하는 군무팀도 지도하였는데, 군무팀은 차이콥스키의 세레나데를 압도적으로 높은 수준으로 공연하였다. 누가 봐도 1등인 훌륭한 무대였다. 군무팀은 무대가 끝나자마자 선생님과 얼싸안으면서 울음을 터뜨렸다. 굉장히 잘한 것은 알겠는데 '울음'은 조금 생소했다. '왜 울지?'

다음날 결과 발표가 인터넷에 공지되었다. 이번 경연은 1등부터 28등까지 순위를 고스란히 공지하고 그에 따라 상을 수여하였다. 결과를 본 나는 내 눈을 의심했다. 끝에서 두 번째로 내 이름을 찾을 수 있었다. 28명 중에서 27등이었다. 젤 바닥에 있었던 사람은 나도 공연을 봤는데 정말 발레를 배운 지 얼마 안 된 새내기였고 무대 경험을 하러 온 초보자였다. 그런데 내 이름이 바로 그 위에 있었다. 아니, 난 고난도의 훼떼 턴도 있는 작품을 했는데…. 그리고 무대에서 벌벌 떨거나 그렇게 큰 실수도 하지 않았는데 27등이라고? 내가 생각해도 진짜 못했다고 생각하는 사람들 아래에 내 이름이 있다는 것이 믿어지지 않았다. 그렇게 못했다고 생각하는 사람들 아래 내 이름이 있다면 도대체 얼마나 못했다는 소리일까?

솔직히 콩쿠르에 수상을 목적으로 참여한 것은 아니었다. 그런데 이렇게 적나라하게 1등부터 꼴찌까지 순위가 공개되니 어떻게 그 결과를 무시할 수가 있으랴. 순간 눈물이 핑 돌고 '이건 뭐지?' 하는 절망감과 함께 쇼크 상태가 계속되었다. 콩쿠르 준비하면서 눈물이 난 것은 처음이었다. '아니, 내가 그렇게 못했다고?' 정말 너무나 참담한 결과였다. 그리고 '이렇게 열심히 연습했는데 고작 결과가 이게 뭐지?' 하는 생각들이 어우러져 쏟아져나오는 눈물을 간신히 참았다.

참가했던 동료들과 군무팀은 모두 우수한 성적을 거둬서 학원은 축제 분위기였다. 하필 다 같이 참가할 때 이렇게 꼴찌 등수를 하다니. 다들 기뻐할 때 같이 기뻐하면 좋으련만. 내 결과 때문에 선생님을 비롯한 참가자들이 우수한 성적을 거둔 것을 제대로 기뻐하지도 못 하는 것 같아 미안하기도 했다. 지도 선생님도 기쁨은 뒤로한 채 절망에 빠진 나를 위로해주느라 어찌할 줄을 몰랐다.

하지만 이해가 되지 않았다. '순위가 내 위에 있는 사람들 몇몇 중에는 발레 기본기가 되어 있지도 않은 사람들이 많았는데. 발차기를 그렇게 막 했는데도 순위가 나보다 높다고? 도대체 뭐가 기준인 거야?'

쉰 가까운 삶을 살아오면서 어떤 분야에서 일하건 통상 시간, 노력 그리고 열정을 이 정도 쏟아부으면서 이렇게 참담한 결과를 경험하지는 않아 왔다. 나는 어떤 분야에서든 이렇다 할 재능이 없기 때문에 노력과 연습을 열심히 하는 사람이다. 노력과 연습의 중요성을 알기 때문에 무엇을 하든 게을리하지 않는다. 하지만 이 결과는 무엇일까? 도대체 이 결과는 무엇을 의미하는 거지?

뭔지 모르게 억울하기도 하고 너무도 속상한 마음에 생각만 해도 울컥울컥한 마음을 도저히 달래기가 힘들었다.

Lesson 6

발레는 예술이다

발레는 엉덩이 근육이 아니다
발레는 예술이다

참담한 결과에 낙담한 마음을 달래기가 좀처럼 쉽지 않았다. 물론 노력을 제대로 안 했다면 '뭐, 열심히 하지 않았으니까.' 하면서 스스로를 달랬을 텐데, 취미발레를 이렇게 열심히 했는데도 불구하고 결과가 이렇게 나오니 낙담하지 않을 수가 없었다. 다들 '무대 경험 쌓는 거다', '좋은 경험이다'라고 말하고 물론 나도 특별히 결과를 기대해서 시작한 콩쿠르는 아니었다. 하지만 바닥등수, 그것도 일부 참가했던 사람들의 실력이 많이 우수하다고 생각되지 않는데도 불구하고 그중에서 바닥을 차지했다는 것은 도대체 이 몇 년간 발레에만 빠졌던 나의 시간과 콩쿠르를 준비해온 노력은 뭘 의미하는 것인지에 대한 회의감이 물밀 듯이 밀려왔다. 거기에다 일주일 후 또 하나의 콩쿠르가 잡혀 있어서 정말 발레고 뭐고 다 때려치우고 싶은 마음이 굴뚝같았다.

너무도 깊이 빠져 있었던 발레에 대한 일종의 배신감 때문에 충격에서 벗어나기는 좀처럼 쉽지 않았다. 다시 마음을 가다듬고 도대체 뭐가 문제인지 생각하기 시작했다. 그래서 참가했던 사람 중에 내가 기억할 수 있는 사람들의 순위를 차근차근 살펴보았다. '분명히 이 사람은 발차기 동작을 계속해서 했는데, 발레 초보 티가 너무 났는데, 이 사람은 실수를 많이 했는데….' 그런 사람들이 내 앞에 있는 것을 보고 어떻게 이 사람들이 더 우수하게 평가되었는가를 생각해보았다. 그런데 그렇게 실수를 많이 한 공연이었지만 여전히 그들이 기억났다. '그래, 그들이 테크닉적으로 그렇게 불완전했는데도 여전히 기억되는 것은 무엇일까?'

솔직히 관람석에서 본 아마추어들의 발레 공연들은 인상 깊었다. 실수해도 아무 일 없었다는 듯이 다시 동작을 구현하는 것, 벌벌 떠는 것도 보였지만 끝까지 무사하게 마치는 것, 테크닉은 떨어지더라도 정말로 작품을 즐기면서 작품 속의 주인공이 된 듯 춤을 추는 것, 실수를 계속해도 작품을 그들만의 색깔로 완전히 재해석해서 구현하는 것 등 하나하나 생각해보면 나름 그들만의 색깔이 있었고 기억에 남았다.

 아, 나만의 색깔? 내가 관객한테 전달하려는 것이 뭐였지? 객석을 쳐다도 못 보고 어쭙잖은 발레 테크닉만 잔뜩 보여준답시고 휘리릭 들어와 버린 내 공연을 상기했다.

 내 공연 시간은 1분 20초. 내 1분 20초는 아무런 색깔이 없었다. 한마디로 정의하면 내 공연은 '휘리릭'이었다. 난 무대 밖 관객들을 쳐다보지도 못했고 선생님이 심사위원과 눈을 하나하나 마주치라고 했음에도 불구하고 몇 명이 심사위원석에 앉아 있는지 보지도 않았다. 너무 떨려서 그런 것도 아니었다. 떨지도 않았고 첫 번째 공연만큼 긴장하지도 않았다. 그런데 그들을 보는 건 집중에 방해가 된다고 생각하고 혼자서 공연했다. '무대가 보이지 않으니 떨리지도 않았지. 그리고 관객들을 보지도 않았으니 아무런 감정이 전달이 안 되었겠지.' 안 그래도 짧은 공연이었는데 진짜 '휘리릭' 공연하고 들어가 버린 셈이었다.

 그때 뇌리를 스치듯 관객석에 앉아서 함께 무대 공연을 봤던 발레 동료의 말이 생각났다. "언니, 발레는 무대예술이야." 무대예술, 무대예술…. 무.대.예.술!
 그렇다. 발레는 예술이지, 운동이 아니었다. 내가 해석한 발레는 대둔근과 복근 그리고 발목의 힘으로 구현하는 운동이었지, 예술이 아니었다. 무대에서 난 운동을 하고 내려온 건가 아니면 작품을 하고 내려온 건가?

우리는 아마추어다. 어떻게 한다고 해도 신체적으로 발레리나의 동작들을 구현하는 데에는 한계가 있다. 기술 동작들도 그저 비슷하게 흉내만 낼 뿐이다. 그렇다면 심사위원은 무엇을 보겠는가? 아마추어에게서 신체적으로 불가능한 기술을 얼마나 잘 구현했는가를 볼까? 아니면 얼마나 그 작품을 잘 표현하려 했나를 볼까?

내가 완전히 간과한 부분이었다. '예술성'. 발레는 무대예술이다. 무대에서 그 작품을 표현하려고 노력해야 하는 것이었다. 그래서 그에 맞는 의상도 입고 화장도 하는 것이다. 운동선수처럼 운동복을 입고 공연하는 것이 아니었단 말이다. 발레 테크닉은 아마추어들이 완벽히 할 수 없는 부분이기 때문에 아마추어 취미발레생은 이러한 자신만의 색깔과 작품성으로 발레라는 무대예술을 표현하려고 최선을 다해야 했다.

그런데 나는 관객과 눈을 마주치기는커녕 1분 20초 동안 대둔근과 복근 운동을 열심히 하고 내려왔다.

이제 내가 왜 바닥등수인지 이해가 되었다. 나의 노력은 아예 시작점부터(즉, 발레를 운동으로 여기고 시작했던 노력)가 잘못되었기 때문에 아무리 노력해도 좋은 결과를 낼 수 없는 구조였다. 그냥 휘리릭 지나간, 완벽하지도 않은 테크닉만 어설프게 구현한 무대였다.

그래서 난, 군무팀이 공연이 끝나자마자 선생님을 와락 껴안고 울었던 것이 이해가 안 되었던 것이다. 내 경연에는 아무런 감정이 없었으니까…. 운동만 했는데 무슨 감정이 있었겠는가. 온 열정을 쏟아 무대를 마친 군무팀은 당연히 감정이 북받쳐 올랐을 것이고 무대가 끝나니 선생님과 부둥켜안고 울 수밖에 없었을 것이다. 그들은 감정과 표현이 충만한 무대예술을 하고 내려왔던 것이다.

나의 마지막, 세 번째 콩쿠르는 나름대로 표현을 좀 해보려고 시도했지만, 일주일 남기고 한 번도 연습하지 않았던 것을 한다는 것은 어불성설이었다. 발레는 참 정직하다. 오히려 표정에 신경 쓰려니 그동안 연습해온 것들의 밸런스도 깨지고 제대로 몸도 컨트롤이 안 되었다. 나의 마지막 무대는 스스로 평가했을 때 다양한 시도가 들어간 무대였으나 결론적으로는 이도 저도 제대로 못 한 무대였다. 결과도 좋지 못하였다. 하지만 미련은 없었다. 드디어 3개월간 콩쿠르에 대한 대장정이 많은 깨우침과 함께 마침표를 찍었다.

노력해야 진정한 피드백을
받을 수 있다

 남편은 자타공인 주짓수 마니아이다. 정말 열심히 주짓수를 한다. 우리는 취미 생활에 대해 항상 많이 공유한다. 나도 발레에 진심인 편이지만 남편이 주짓수에 빠진 것만큼은 아닌 듯하다.

 남편은 현재 주짓수 퍼플벨트인데 취미로 즐기고자 나와 거의 비슷한 시기에 시작했다. 둘이 정신없이 돈 벌고 일하고 함께 쌍둥이들 보살피고 할 때는 취미 생활에 시간을 할애한다는 것 자체가 사치였다. 하지만 내가 풀타임으로 있었던 사업을 매각하고 파트타임으로 일하게 되고 아이들이 조금씩 크면서 우리 커플에게는 취미 생활을 할 수 있는 시간적 여유가 생겼다.

시간을 내 맘대로 쓸 수 있다는 것만큼 부자가 어디 있으랴. 그때부터 우리의 행복지수는 올라가기 시작했다. 일단 내가 가정에 조금 더 충실할 수 있게 되어 육아에 대한 남편의 부담이 대폭 줄었다. 덕분에 우리 둘은 하루하루를 힘들게 버티며 사는 것 대신에 하고 싶은 것을 할 시간을 벌 수 있게 되었다. 이것은 우리 커플에게 그동안 열심히 살아온 것에 대한 최대의 선물이었다.

취미 생활을 하더라도 그동안 항상 열심히 살아온 습관은 버리기가 어렵다. 무엇을 해도 열심히 하는 버릇은 취미 생활로도 이어졌다.

비슷한 시기에 남편은 주짓수를, 나는 발레를 시작했다. 하지만 나의 발레 실력과 남편의 주짓수 실력은 천지 차이다. 나는 아직도 어리바리 단계인데 남편은 주짓수 선수에 가깝다. 그도 그럴 것이 남편은 흰 띠일 때부터 시합에 나갔다. 초창기부터 시합에 나가는 남편을 이해하지 못했다. "아니, 왜 그런 스트레스를 받으면서 시합에 나가려고 해?" 남편의 대답은 "시합을 통해 내가 얼마나 많은 것을 배울 수 있는지 알아?"였다. 당시에는 그 말의 뜻을 이해하지 못했다. "솔직히 말해봐. 이기고 싶어서, 이겨서 '빅토리' 하는 순간을 느끼려고 하는 거잖아?" 하지만 남편은 "그렇지 않아"라고 대답했다.

남편이 시합에서 항상 이긴 것만은 아니다. 져서 올 때도 많았다. 그때마다 "이번 시합에서 졌지만 많은 것을 배웠어"라고 얘기하곤 했는데, 난 겉으로는 남편을 위로하면서도 속으로는 '당연히 이기지 못해서 속상할 테니 위로해주자. 졌지만 뭘 배웠다는 이야기는 정말 교과서 같은 이야기 아닌가? 진 것이 쑥스러우니까 뭘 배웠다고 말하는 거겠지….' 이렇게 생각했다.

하지만…

아니다. 콩쿠르를 통해 바닥을 경험해도 진정 나는 많은 것을 배웠다. 바닥을 경험하고 쓴 고배의 잔을 마시고 나서 정말 발레를 바라보는 시선과 나의 실력과 모든 것을 비로소 제대로 볼 수 있는 안목을 배웠다. 고쳐야 할 것은 산더미이지만 적어도 이젠 뭐가 잘못되었는지는 볼 수 있는 안목을 배웠다. 누가 들으면 진정 교과서 같은 소리라고, 내가 남편에게 그런 말을 들었을 때의 반응을 보일 수도 있겠지만 진심이다. 정말 이 준비 과정부터 경연까지의 과정을 통해 너무나 많은 것을 배웠다.

솔직히 발레가 내 적성에 맞지 않은 것은 사실이고 내가 구현할 수 있는 몸동작도 아니다. 하지만 난 콩쿠르를 진심으로 열심히 준비했다. 쓰디쓴 결과를 얻었지만 노력하지 않으면 얻을 수 없는 값진 피드백들을 얻었다.

이 세상에 제대로 되지 않은 피드백이 얼마나 많은가? 모든 일은 노력하지 않으면 제대로 된 피드백을 얻기가 힘들다. 노력을 안 했으면 그냥 잊어버리고 실패를 해도 '어차피 노력도 하지 않았는데, 뭐.' 하면서 그냥 넘어가게 된다. 제대로 된 피드백은 오직 진심으로 노력했을 때만 보인다. 세상은 정직하게도 내가 노력했다고만 좋은 피드백을 주지 않는다. '제대로' 노력한 경우에만 좋은 피드백이 온다. 이번 콩쿠르 연습 또한 마찬가지였다. 난 노력을 했지만 '제대로' 하지 않았고 그래서 좋은 결과는 오지 않았지만 '정직한' 피드백을 얻었다. 그래서 내가 무엇을 고쳐야 하고 다시 어떻게 준비해야 하는지 정확하게 볼 수 있었다.

처음에 나는 콩쿠르의 목표가 명확했다. '데드라인을 정해놓고 내가 못하는 동작들을 연습하자.' 이것이 목표였으나 콩쿠르가 진행되고 순위도 나오고 하니 나의 초기 목표는 온데간데없이 사라져버리고 '내 순위가 왜 이렇게 안 나오지?' 하는 것에 신경 쓰기 시작했다. 그런데 이것은 목표를 정하고 무언가를 향해 도달하려 할 때 목표 이외에 기대 이상의 것을 얻는 효과인 것 같다. 내가 구현하고 싶은 동작은 제대로 숙달하지 못했지만 그래도 초반보다 많이 나아진 것은 사실이다. 그리고 이제는 발레를 발레답게 하는 것에 초점을 맞추는 새로운 목표가 생겼다. 그러니 수업에 들어갈 때도 시선이며 폴드브라며 내 몸의 각도를 어떻게 해야 발레답게 잘 표현할 수 있을까를 이전보다 훨씬 더 많이 고민하게 되었다. 기존의 목표에 새로운 목표가 생긴 셈이다. 그러면서 결국 나의 발레는 성장하게 되는 것이 아닐까?

발레, 이토록 나를 들었다 놨다 하는…
진정 행복한 순간을 깨우치다

마지막 콩쿠르가 끝나고 가족과 함께 제주도 여행을 떠났다. 콩쿠르가 끝났다는 것만으로 몸과 마음이 너무도 홀가분하였다. 그동안 노심초사하며 잠도 제대로 못 자고 먹을 것도 제대로 못 먹었는데 그 해방감으로 너무나 뛸 듯이 기뻤다. 평소에 와인을 즐기는데 콩쿠르 준비하면서부터 일체 입에 대지 않았다. 내가 이제껏 살면서 그토록 좋아하는 술을 끊었을 때는 딱 세 번이 있다. 첫 번째는 임신했을 때, 두 번째는 사업할 때, 그리고 세 번째가 콩쿠르 준비할 때이다. 아마도 내가 진심인 것을 할 때는 진짜 술을 입에 대지 않는가 보다.

제주도에 와서 오래간만에 와인 한잔을 마셨는데 그 맛은 정말 꿀맛이었다. 그렇게 이틀을 맛있는 것을 먹고 와인도 마셨다. 아침에 일어나자마자 운동도 하지 않았다. 발레 연습을 해야 한다는 중압감에서 벗어나 그냥 내가 하고 싶은 것만 할 수 있는 시간이 행복했다. '아, 정말 행복해….' 하면서 그렇게 시간을 보냈다.

하지만 신기한 건 그런 즐거움은 정확하게도 딱 이틀 정도 지속된 것 같다. 딱 이틀간 먹고 쉬고, 정말 행복했다.

얼마 전 인스타그램에서 故 신해철 씨가 인터뷰한 영상을 본 적이 있다. 그는 시상식에서 상을 타거나 음반이 1위를 했을 때 만족한 느낌은 대략 1~2주 정도 가지만, 음악을 만들기 위해서 연습실에서 고군분투한 시간 그리고 콘서트를 준비하기 위해 노력했던 그 시간은 거의 평생을 간다고 했다. 물론 내 결과는 좋지는 않았지만, 그 중압감으로부터 해방되는 행복한 기분은 정말 딱 이틀밖에 지속되지 않았다. 난 발레 전공생이 아니고 취미생이다. 나보고 발레를 못한다고 책망하는 사람도 없고 결과에 집착할 필요도 없다. 하지만 난 다시 망쳤던 경연 동영상을 보고 있었고 이제는 이런 것들을 고쳐서 제대로 해보고 싶다는 생각이 간절했다. 그리고 하나하나 만들어나가는 연습 과정들이 그리웠다. 고군분투했던 그 과정이 또 다른 행복이었다는 것을 깨우쳤다.

아쉬웠던 부분을 고치고 싶고 다시 제대로 연습하고 싶은 마음이 꿈틀거렸다.

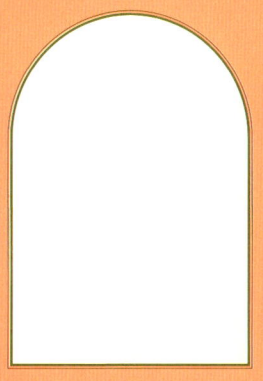

Lesson 7

제대로 된
몸 만들기

내 몸 사용법을 익히기까지의 과정

발레 수업을 다시 듣기까지
다음 행보를 어떻게 결정해야 할까?

콩쿠르 때 못 했던 것을 제대로 연습해보자는 꿈틀거리는 욕심으로 인해 고민이 많았다. 도대체 시작점이 잘못된 나의 발레의 단추를 다시 어떻게 시작해야 할까?

마지막 콩쿠르에는 남편과 아이들이 모두 와서 응원해주었다. 아이들은 엄마가 무대에 나와서 그런지 "엄마가 젤 잘했어." 하며 난리가 났고 남편도 그 당일에는 정말 잘했다고 응원해주었다. 내가 같은 작품으로 후반기에 콩쿠르에 다시 나가는 연습을 시작해야 하는지, 다음의 발레 행보를 어떻게 해야 하는지 한참을 고민하면서 남편과 대화했다. 남편에게 '진짜' 나의 콩쿠르 무대가 어땠냐고 물어봤다. 항상 진실만을 가감 없이 말하는 남편의 솔직한 답변은 단호했다. "연습 부족이야." "뭐? 연습 부족이라고? 아니, 아마추어가 일하고 애들 보고 하면서 이렇게까지 연습을 했는데, 여기서 어떻게 더 연습해?"라고 억울하다는 듯이 반문했다. 남편은 그동안 내가 어떻게 연습했는지 봤던 사람인데 이런 말을 하다니 서운하기 짝이 없었다.

남편은 다시 잘 설명했다. 연습 부족의 의미인즉슨, 내가 선택한 작품은 본인이 봐서도 난도가 있어 보인다고 했다. 다른 무대에 나온 사람들은 나처럼 계속 뱅글뱅글 돌고 정신없이 휘리릭 지나가는 사람들은 거의 없고 천천히 한 동작, 한 동작 표현을 하고 내려오는 사람이 대부분이라고 했다. 그래서 어려운 작품을 선택했으면 그에 맞는 실력이 있거나 실력이 없으면 그 실력을 키울 만큼의 연습을 더 해야 했는데 나는 열심히 연습하긴 했지만, 그 난도의 작품을 소화할 만큼의 연습을 하지 않았다는 소리다. 즉, 실력보다 월등히 높은 작품을 선택한 것이 문제였고, 만일 이를 극복하려 했다면 지금 열심히 한 정도의 연습이 아니라 더 연습했어야 했다는 것이다. 아주 날카로운 지적이었다. 그래서 이 작품을 더 연습해서 나간다는 것은 사람들이 이미 투자한 것이 아까워서 중간에 포기 못 하는, 소위 말하는 매몰 비용의 오류(sunk cost fallacy)를 범하는 것이나 마찬가지가 된다고 아주 명석하게 설명해주었다. 즉, 여태 이렇게 연습했는데 결과가 이렇게 참담하니 다시 연습해서 만회해보자 하는 결론은, 그 작품을 할 근본적인 실력이 안 되는 내가 그동안 연습한 것이 아까워서 다시 연습해서 나간다면 잘할 수 있다는 착각을 하는 큰 오류에 빠지는 것이다.

그도 그런 것이 그 높은 장벽인 '훼떼 턴'을 주야장천 연습했지만 제대로 된 훼떼 턴이라는 것은 연습만 한다고 되는 것이 아니다. 훼떼 턴을 제대로 할 수 있는 실력, 즉 쁠리에 업을 하고 무릎을 쫙 펴서 팽이 돌 듯이 회전하느냐, 회전할 때 팔이 안 떨어지도록 등을 제대로 잡고 있느냐, 돌 때 시선 처리는 제대로 하느냐, 시작하고 마무리할 때 턴 아웃과 무게중심은 제대로 두느냐 등등 턴의 모든 기본기들이 몸에 이미 인지된 만큼의 수준이 된 상태에서 비로소 제대로 된 훼떼 턴 연습을 '시작'할 수 있다. 나는 4번 앙 디오르 턴 En Dehors Turn 하나도 제대로 소화 못 하면서 '훼떼 턴'을 감히 넘봤던 것이다. 즉 나의 수준은 4번 앙 디오르 턴 하나를 제대로 도는 것부터 시작하고 그에 맞는 난도의 작품으로 진행했어야 했다.

남편과의 대화를 통해 내 발레의 다음 행보가 많이 정리되었다. 정말로 아쉽지만, 〈해적, 메도라 바리에이션〉은 여기서 막을 내리기로 마음을 먹었다. 이 작품은 아마도 나의 발레 실력이 더 향상되었을 때 다시 시도하는 것이 맞는 선택일 것이다.

그래서 이제 다음 행보는 발레를 할 때 내 몸의 한계를 어떻게 극복할 수 있는지, 내가 생각하는 그 움직임과 내 몸의 갭을 어떻게 줄일 수 있는지, 이것이 나에게 주어진 다음의 숙제였다.

발레의 움직임과 내 몸의 갭을 어떻게 줄일 수 있을까?

 아마도 성인발레를 하는 사람들은 나처럼 생각하는 사람들이 많을 것이다. 몸이 다 굳어서 시작했는데 어떻게 발레의 움직임을 제대로 만들어낼 수 있을까? 얼마 전 한 과학자의 관점에서 발레를 쓴 책《물리의 쁠리에》(배진수 저/플로어웍스)를 읽은 적이 있다. '어른의 발레는 발레가 아닙니다'라고 저자는 첫 장에서 말하는데, 읽으면서 별표까지 쳐가며 공감을 했던 책이다. 저자는 성인의 몸은 그냥 자신이 살아온 방식으로 굳어졌기 때문에, 취미로 우리가 통상 알고 있는 진짜 '발레'를 하는 것이 아니라 '어른발레'를 한다고 말하는 것이 맞는 말이라고 한다. 그렇다. 어른인 나는 어떻게 해도 안 되는 내 몸의 한계가 있다.

이런 나의 한계를 이해하고 어떻게 극복할 수 있을까를 고민하면서 필라테스 자격증도 땄다. 그런데도 내가 가진 단편적인 해부학 지식으로 나의 몸이 가진 구조 및 기능적인 문제를 정확하게 파악하기는 역부족이었다.

콩쿠르 할 때 원래 나의 작품에는 점프 동작인 그랑 제떼 Grand Jeté가 있었다. 이 동작은 점프하면서 앞뒤로 다리를 일자로 쫙 벌려져야 하는 동작이다. 그래서 지도 선생님과 욕심을 내고 콩쿠르 전까지 항상 구부정하게 퍼지는 내 다리를 고쳐보자고 다시 극한 스트레칭에 들어갔다. 솔직히 다리 찢는 동작에서 추간판이 탈출했던 악몽이 있어서 무섭긴 했지만, 잘 생각해보니 허리를 구부리지 않고 찢기를 하면 허리가 아플 이유가 전혀 없겠다는 생각이 들었다. 하지만 다시 무리해서 스트레칭을 하니 아니나 다를까 다음날 다리에 찌릿찌릿한 느낌이 나더니 예전에 추간판이 탈출하기 직전의 신호가 오기 시작했다. 다시 복근, 엉덩이 운동을 열심히 하고 연습할 때 당분간 점프는 하지 않았다. 전조 증상을 빨리 알아차려 상황이 악화하지 않도록 근력 강화에 초점을 맞췄고 콩쿠르 연습은 점프만 빼고 했다. 결국, 작품에서 세 번의 그랑 점프가 있는 구간의 안무를 허리에 무리가 가지 않는 왈츠 동작으로 바꿨다. 안타깝게도 허리 디스크 재발의 위험이 있어서 포기했던 동작이다. 그래도 발레를 한 지 벌써 몇 년이나 되었는데 다리 찢는 스트레치가 안 된다는 것이 속상할 뿐이었다. 그래서 필라테스를 배우지 않았던가? 내 몸을 좀 제대로 이해해보려고…. 그런데 나의 해부학 지식으로는 왜 허리를 구부리지 않았는데도 불구하고 스트레칭을 할 수 없는지 이해하는 데에는 역부족이었다.

내 몸의 문제는 도대체 무엇일까
전문가를 찾아가다

병원에 가서 MRI를 찍고 의사에게 진단을 받으면 통상 그 면담은 길어야 5분이다. 왼쪽 다리의 저림 현상이 계속해서 없어지지 않아 찾아간 의사는 내 MRI를 보고 추간판 탈출 후 척추협착이 많이 진행되고 있다고 심각하게 말했다. 내가 그 상황에서 '제가 취미로 발레를 하는데 일상생활하는 데는 전혀 문제가 없지만, 다리 저림 때문에 업Up하는 동작이 안 되어서 고민입니다'라고 말하면 의사는 '제정신이에요?'라고 말할 분위기였다. "솔직히 제가 취미로 발레를 하는데…." 쭈뼛쭈뼛 말을 이어가다가 '이 상태에서 발레를 한다고요?'라고 말하는 듯한 의사의 표정을 읽고 "그럼 복부 주변의 근육운동을 항상 해줘야겠네요." 하면서 내가 셀프로 진단을 하니 의사는 "지금 위험한 상태이니 악화하지 않게 주의하세요"라고 말했다. 그게 MRI까지 찍은 나의 진료비 80만 원어치의 답변이었다. 의사들의 역할은 딱 거기까지이다. 물론 절대 잘못 진단한 것은 아니다. 제대로 잘 진단해준 것이다. 단지 내가 원한 것은 그런데도 '어떻게 업 동작을 향상하고 다리 찢기를 할 수 있을까요?'를 물어볼 곳을 찾지 못한 것이다.

내가 인체해부학 공부하면서 느낀 것은 근육의 종류와 그 움직임에 관한 공부의 양이 어마어마하다는 것이었다. 예를 들어 근육의 움직임을 이해하기 위해서는 단순하게 그 근육의 명칭과 위치만 아는 것에 그치는 것이 아니라 그 근육이 뼈의 어느 부분에서 시작되는지(기시) 그리고 어디서 근육이 끝나는지(정지)를 알아야 하고 이 근육이 뼈와 다른 근육과 어떠한 상관관계를 가지는지를 이해해야 한다. 여기에다 신경까지 가미되면 배움의 범위가 어마어마하다. 몇 달 동안 그렇게 달달 외우면서 공부했다 쳐도 내가 배운 해부학의 양은 빙산의 일각도 아니고 정말 빙산의 한 '점' 정도를 아는 것도 아니고 아는 체하는 것에 불과했다. 그러니 다시 말하지만, 의사는 10여 년이 넘게 인체를 배우고 또 배우지 않겠는가. 정말 몸을 이해하는 것은 너무나 복잡하고 어려운 과정이다.

그래서 필라테스 공부하면서 해부학 강의를 들을 때 인체의 구조와 근육과의 연계 관계에 대해 속사포처럼 강의하는 재활 교수님을 보고 '저렇게 복잡한 인체 구조를 풀어서 설명하는 교수님의 지식 정도이면 내가 가진 문제를 해결해줄 수 있지 않을까?' 하는 생각이 뇌리를 스쳤다. 마침 찾아보니 직접 재활센터를 운영하고 있어 바로 약속을 잡았다.

내 몸의 문제를 알아내다
발레 꼭 하셔야 하나요?

재활 교수님의 평가실에 들어간 나는 일단 썰을 풀기 시작했다. "추간판 탈출 이후 왼쪽 다리가 저린 현상이 3년이 지나도 계속됩니다. 솔직히 일상생활 즉, 걷거나 뛰거나 하는 데 전혀 문제가 없으나 오직 발레 할 때 왼쪽 다리로 업Up하는 것이 어렵습니다. 그리고 유연성이 없어서 발레를 그렇게 오래 했음에도 다리 찢기 동작이 안 됩니다." 등등 나의 문제점을 쏟아내기 시작했다.

이야기를 들으면서 재활 교수님은 나이가 적힌 프로파일과 허리 진단 기록을 보기 시작했다. "추간판이 심하게 탈출했었다고 되어 있네요. 디스크 수분도 없는 상태로 퇴행의 문제도 있다고 하고…." 그리고 아니나 다를까 내가 예상했던 그 말,

"발레, 꼭 하셔야 하나요?"란 질문을 여지없이 했다. 나는 그 자리에서 단호하게 발레를 하지 말란 소린 저의 옵션이 아니므로 현재 저의 상태로 어떻게 발레를 잘 할 수 있는지 알려달라고 애걸하듯 말했다. 나의 간절함이 제대로 전달되었던 걸까? 교수님은 "꼭 골프 하시는 분들처럼 말씀하시네요."하면서 "좋아요. 그럼 방법을 찾아보죠"라고 대답했다.

'이러면 더 큰 병을 얻습니다.' '당장 그만두세요.' 같은 말이 나오는 게 이런 대화에서 통상 예상되는 답변인데 "한번 방법을 찾아보죠", 이 대답은 내가 한 번도 들어보지 못했던, 그토록 기다렸던 긍정과 희망의 답변이었다.

평가는 대략 한 시간 정도 진행되었다. 필라테스 재활 시간에 배웠던 일부 테스트들도 있었지만, 대부분은 생전 처음 해보는 테스트들이었다. 발목, 허벅지, 엉덩이 등 각 부위에 대한 운동성 테스트였다. 난 병원에 진단을 받으러 간 적도 있었고 재활을 받은 적도 있다. 하지만 내 몸의 각 부위에 대한 운동성 테스트는 처음이었다. 그러면서 속으로 '정확한 진단은 사진에 대한 판독도 중요하지만 이런 운동성 테스트들이 병행되어야 가능하지 않을까?'란 생각을 했다. 물론 허리를 다쳤을 때 다리를 올렸다 내렸다 하는 간단한 테스트는 했지만 '내 몸을 이루는 각 근육의 운동성에 대한 테스트가 없이 어떻게 내 몸 상태를 정확히 진단할 수 있고 어떤 재활운동이 맞춤으로 들어가야 하는지 판단을 할 수 있을까?'하면서 그동안 병원에서 일괄적인 방법으로 치료받았던 기억들이 스치듯 지나갔다.

교수님은 내가 다리 저림 현상이 지속된다고 말했더니 상태를 조금 심각하게 받아들인 것 같았다. 하지만 발레를 하기 위해 꾸준히 근력운동을 해준 덕분에 나의 복부 근력이나 다리, 발목, 허벅지 근력 등은 재활센터에서 재활을 받는 수준이 아니라 운동하는 사람들이 받는 운동성 기능 센터에서 향상해야 하는 수준이라고 말했다. 매일매일 발레를 위해 다져온 근력운동이 나에게 이미 건강한 근력을 선물하고 있었다.

복근도 있고, 다리 및 발목 근력도 있는데 단지 다른 근육들에 비해 나의 대둔근 인지기능과 근력이 약해서 축을 유지하는 것이 약한 것, 그리고 이로 인해 몸의 회전 능력이 떨어지는 것 등 내 몸의 약한 근육과 나의 취약한 운동성을 진단해주었다. 그리고 추간판이 터진 부분이 5번 6번(1번) 즉, 천골 부분이기 때문에 발레에서 필요로 하는 무리한 다리 찢기 스트레칭은 삼가는 것이 좋다고 말했다. 5번 6번의 추간판이 문제가 되는 경우 천골(엉치뼈)은 될 수 있으면 안정적으로 사용해야 하는데, 유연성이 떨어져 있는 상태에서 과한 스트레칭으로 고관절을 계속해서 무리하게 움직이면, 허리를 펴고 스트레칭을 하더라도 천골과 장골 사이의 관절인 천장관절이 함께 움직이게 되면서 천골이 불안정해지고, 나아가 나의 디스크 통증이 야기되는 것이라고 했다.

"다리 찢는 것은 꼭 하셔야 할까요? 그래도 축 문제는 대둔근의 인지기능 및 근력을 향상하면 해결할 수 있을 겁니다."

소위 나의 증상은 책상 앞에만 오래 앉아서 생기는 '엉덩이 기억상실증'이었다. 학창시절 때부터 운동은 안 하고 항상 책상 앞에만 앉아 있는 것이 습관이 되었고 일할 때도 거의 책상 앞에서 컴퓨터를 하는 것이 생활화가 되었으니 반평생 엉덩이 근육이 발달할 기회가 없었다. 그냥 그렇게 엉덩이를 사용하는 방법을 까먹은 것이었다. 내 체형을 생각해보면 엉덩이가 없고 거의 일자로 떨어지는데, 나이 들어서 운동을 열심히 했지만 나에게 부족한, 엉덩이 근육을 다시 사용하는 방법을 배우고(인지), 집중적으로 발달시키는 운동은 하지 않았다.

그제야 그동안 엉켜 있었던 실마리들이 하나하나 풀리기 시작했다. 발목운동을 그렇게 열심히 했는데 발레에서 업up 동작이 제대로 안 된 것은 바로 엉덩이, 특히 대둔근의 힘이 없어서 그런 것이었다. 내 몸에서 가장 큰 근육 중의 하나인 엉덩이 근육을 그동안 간과해도 너무 간과했다. 발레 하면서 선생님들이 항상 "엉덩이를 조이세요", "엉덩이에 힘을 주세요"라고 했는데, 나는 항상 그때뿐이었다. 무의식적으로도 엉덩이에 딱 하고 힘이 들어가야 하는데 내 엉덩이는 그런 힘을 주고 유지할 수 있는 인지기능뿐만 아니라 근력이 없었다. 업Up한 상태로 오래 유지하면서 서 있는 수수Sous-sus 동작이 힘든 것이 발목이 약해서 비틀거리는 것으로 생각했지만, 엉덩이 즉, 가장 큰 근육이 힘을 주고 몸통을 지탱해야 발목까지 균형을 유지할 수 있다. 생각해보니 무릎이 펴지지 않는 이유도 엉덩이에 힘을 못 주고 있으니 다리를 쫙 펴는 힘이 없어서 그랬구나 하고 하나씩 이해되기 시작했다. 그리고 다리를 높이 들고 서 있거나 다리 찢기를 할 때 나의 허리 통증도 이해가 되었다. 평소에 왜 몸이 회전이 안 되고 통으로 움직이지? 하면서 궁금해한 것도 그동안 인지하지 못했던 나의 문제들을 비로소 제대로 대면할 수 있게 되었다.

반평생 가져보지 못했던
엉덩이가 생기기 시작하다

대략 2개월간 엉덩이 근육(둔근)과 회전력(내·외복사근 및 코어)을 기르기 위해 교수님의 운동성 향상센터에서 집중적인 기능성 수업을 받았다. 예를 들어, 햄스트링의 개입을 최소화하고 대둔근만 쓸 수 있도록 하는 인지기능에 초점을 맞춘다든지, 중둔근과 외복사근을 동시에 사용하는 회전성 운동 등 일반적인 필라테스에서 하는 단편적이고 국소적인 운동이 아니라 기능성 엉덩이 근육 향상 운동을 진행했다.

헐렁헐렁했던 바지들이 허벅지부터 엉덩이까지 꽉 끼기 시작했다. 신기하게도 반평생 한 번도 가져보지 못했던 탄탄한 엉덩이가 만들어지고 있었다. 둔근의 힘이 좋아지니 발레 시간에도 엉덩이에 힘이 들어가기 시작하고 축이 좋아지기 시작했다. 무릎을 펴고 유지하는 힘도 햄스트링이 개입하기 전에 둔근에 먼저 힘이 들어가다 보니 가능해지기 시작했다. 모든 게 신기할 따름이었다. 문제는 발목도 아니었고 무릎을 구부리는 것도 아니었다. 근본적으로 나의 큰 근육인 엉덩이 근육을 제대로 못 쓰고 있으니 다른 작은 근육들을 아무리 단련해도 내 몸을 지지하는 데에는 역부족이었던 것이다. '아, 이렇게 과학적으로 접근했어야 했구나….' 그동안 다른 필라테스학원에도 가보고, 직접 자격증도 따고 이리저리 물어봐도 알 수 없었던 것들이 가닥을 잡기 시작했다.

동시에 일상생활에서 그동안 못했던 딱딱한 곳에 앉는 것과 눕는 것, 허리를 구부려 편하게 세수하기 등 고질적인 허리 문제들도 함께 고쳐지기 시작했다. 엉덩이 근육이 제대로 생기면서 고관절뿐만 아니라 무릎도 안정되고 더불어 가장 중요한 나의 허리 문제가 해결되기 시작했다.

발레를 잘하기 위해 알고 싶었던 내 몸의 문제가 하나하나 실마리를 풀기 시작했다. 솔직히 발레만의 문제가 아니었다. 나는 건강하게 살기 위해서라도 다른 운동이 아닌 엉덩이 기능성 운동을 진즉에 해야 했다.

재활 교수님이 필라테스 강의 시간에 항상 강조했던 것이 있었다. 우리 몸의 겉에 있는 큰 근육들은 큰 움직임과 힘에 관여하고, 안쪽에 있는 작은 근육들은 관절들을 보호하고 조절한다고 했다. 하지만 큰 근육을 잘 사용하지 못하면 이를 보상하기 위해 작은 근육들이 대신 사용된다. 결국 큰 근육이 사용될 곳에 작은 근육들이 보상으로 사용되면, 근육 크기에 따라 낼 수 있는 힘의 차이가 현격하게 벌어져, 작은 근육들이 과부하에 걸리게 됨으로써 관절을 보호하고 조절하는 능력을 상실하고 각 부분에 통증이 유발된다. 나의 경우에는 허리의 요방형근이 과도하게 사용되어 무엇을 하든 요방형근에 통증이 있었다. 요방형근은 작은 근육에 해당하는데, 이는 내가 가진 큰 근육 즉, 둔근과 광배근을 제대로 사용하지 못해 요방형근에 과부하가 걸려 허리 통증이 유발되는 것이다. 2개월여에 거쳐 엉덩이가 서서히 제 기능을 발휘하여 둔근이 단련되니 이제는 둔근과 동시에 광배근을 단련시키기 위한 기능성 운동을 시작할 수 있는 단계가 되었다. 그래서 현재는 둔근과 코어 그리고 광배근을 단련시키고 있다. 꼭 발레를 위해서가 아니더라도 내가 가지고 있는 고질적 문제들은 기능성 운동을 통해 나를 더욱더 튼튼하게 만들고 있다.

발레를 잘하기 위해 내 몸의 문제점을 찾는 여정이 얼마나 되었던가? 이제는 제대로 된 운동을 하고 고질적인 허리 문제까지 고치면서 그동안 앓고 있었던 나의 근육의 문제점들을 하나 하나 해결하고 있다. 애초 발레가 아니었다면 이렇게 내 몸을 단련시키기 위해 고군분투하지 않았을 것이다.

Lesson 8

몸은 언제나 움직여야 한다

발레와 나

발레에는 왕도가 없다
예술을 하기 전에 공식을 익혀라

중학교 때 수학 시간에 나이가 지긋하신 선생님이 첫 수업에 들어오자마자 칠판에 큰 글씨로 무엇인가를 썼다.

'수학에는 왕도가 없다.'

이 글귀는 커서도 그 어떤 분야에서 일하건 항상 기억하는 명언이다. 즉 왕이라 할지라도 특별한 길이 따로 없다는 얘기다. 수학엔 왕도가 없듯이 인생에도 왕도가 없으며 역시나 발레에도 왕도가 없다.

내가 아는 발레메이트 중에 나보다도 훨씬 늦게 발레를 시작했지만 지금 나와 비교도 할 수 없을 정도로 잘하는 동료가 한 명 있다. 다들 부러워하면서 어떻게 그녀는 나중에 시작했음에도 불구하고 그렇게 빨리 늘었는지 궁금해했다. 더군다나 그 동료는 의사란 직업을 갖고 있으면서 일도 하고 아이도 키우는 워킹맘이다. 없는 시간을 쪼개서 시간 될 때마다 와서 발레를 하고 가는 사람이다. 분명 그렇게 빨리 느는 데에는 무슨 비결이 있을 거라는 생각을 했다. 하지만 그녀와 대화를 해본 순간 '비결? 비결은 없었구나…'라는 안도감과 부끄러움, '역시나.' 하는 복합적인 마음이 들었다.

발레를 잘하는 그녀의 대답은 이러했다. "나는 먼저 발레를 시작할 때 이론적으로 배울 수 있는 것을 책으로 먼저 습득했어요. 연습할 수 있는 시간적인 제한이 있다 보니 발레 용어들을 먼저 모두 익히고 동작에 관해서 책이나 동영상으로 찾을 수 있는 것은 모두 다 찾아서 암기했어요. 일단 그렇게 용어와 동작들을 암기한 후, 그 동작 하나하나에 대해서 정확하게 이해하고 숙지한 후에 익숙해지면 거기에 나만의 표현을 가미했어요."

자, 여기서 내가 안도감과 부끄러움, '역시나.' 하는 복합적인 마음이 들었던 이유를 이제 알겠는가? 그렇다. 솔직히 난 발레 용어들을 아직도 제대로 모른다. 거기에다 모든 발레 동작에는 공식이 있다. 예를 들어 바뜨망Battment이나 탄듀Tandu를 하면 다리 동작과 동시에 팔은 어떻게 해야 하고 시선은 어디를 봐야 하는지에 대한 일정한 공식이 있다. 다른 무용은 어떤지 모르지만, 발레는 폴드브라, 시선, 다리 모든 코디네이션이 공식처럼 움직인다. 그런데도 나는 '신체적 한계로 발레를 못해.', ' 몸치라서 못해.' 등의 핑계를 책 첫 장부터 주저리주저리 얼마나 떠들어댔던가? 솔직히 이렇게 친절한 공식이 있는 춤이 어디 있는가? 아무리 몸치라 하더라도 일단 공식을 몸에 익혀야 한다.

천재 모차르트와 노력파 살리에리의 대립을 다룬 〈아마데우스〉라는 영화에서 파생된 '살리에리 증후군'이라는 말은 아무리 노력해도 천재 모차르트는 따라잡을 수 없다는 이인자의 열등감을 나타내는 말이다. 하지만 최근 들어서 그 영화를 보니 또 다른 면이 보였다. 영화에서 모차르트가 아주 어렸을 때부터 이미 유명한 작곡가 아버지로부터 받은 음악 교육으로 궁전에서 연주할 실력을 갖출 때, 살리에리는 그냥 평범한 가정에서 음악과 상관없는 삶을 살고 있다가 아버지가 돌아가신 후에 비로소 음악을 시작한다. 살리에리가 음악을 시작하기도 전에 모차르트는 그 연습량만으로 봐서도 살리에리를 훨씬 앞서 간다. 살리에리가 어느 정도 자리에 올라갔을 때 이미 모차르트는 살리에리를 압도할 만한 연습량을 갖고 있었으며 여전히 음악을 하고 있었다. 살리에리가 소위 말하는 천재 모차르트를 따라잡기 위해서는 모차르트가 자신보다 훨씬 앞서 음악 교육을 받은 그 연습량과 공부를 따라잡은 후에 본인은 안 된다고 좌절해야 하는 게 올바르다. 물론 영화에서 말하고자 하는 것은 그것이 아니겠지만 난 이제 아마데우스 영화를 보고 말하는 '살리에리 증후군'은 재능이 부족해서 느끼는 열등감을 말하는 것이 아니라 단순히 '제대로 된 연습 부족'으로 느끼는 열등감이라고 말하고 싶다. 살리에리의 좌절을 나의 발레에 비교하기에는 너무나 거창하지만, 재능이 없다고 징징거리기 전에 그만큼 제대로 연습이나 하고 징징거리는지를 살펴봐야 한다는 소리다.

즉, 이렇게 친절하게 있는 공식조차 공부도 안 하고, 난 왜 발레를 이렇게 못하나를 떠들어댔던 건 실로 창피한 일이 아닐 수 없다. 즉, 발레에는 열심히 따라 하려면 따라 할 수 있는 틀이 있음에도 그 공부를 여태 안 했단 소리다. 아무리 발레가 예술이라고 하더라도 기본적으로 그 기초와 공식을 배우는 것이 우선순위다. 그렇게 기본 공식에 익숙해져야 비로소 내 느낌을 넣어서 표현할 수 있는 단계가 가능하다. 미술로 따지면 선 그리기 연습도 제대로 안 해놓고 예술이란 벽이 이렇게 높아서 못 하는 거라고 징징거리는 셈이다.

자, 이제 징징대지 말고 다시 처음부터, 기본적인 동작에 폴 드브라, 시선, 다리까지 완전하게 그 공식을 습득하는 것, 그리고 반복해서 내 몸에 익힌 후 그다음 단계로 나만의 표현을 입히는 것에 집중하자. 발레에는 왕도가 없다. 도대체 발레를 한 지 얼마나 되었는데 이제야 이 공식을 파악하다니 아직도 나의 발레의 길은 멀고도 멀다. 이제라도 그것을 파악하게 도와준 동료에게 감사할 따름이다.

발연기가 있다면 발춤도 있다
예술을 입히는 과정

    TV나 영화를 보면 두 손이 오그라들게 연기하는 배우들을 본 적이 있을 것이다. 그들이 그렇다고 대사를 틀리게 외운 것은 아니다. 배우와 주변 상황들, 모든 것이 뭔가 어우러지지 않고 둥둥 떠 있다. 마치 물과 기름처럼. 그러니 어색하기 짝이 없다. 하라는 대로 다 하고 있는데 왜 어색할까? 어색한 그들을 가리켜 '발연기'를 한다고 한다.

    발레도 마찬가지다. 분명 선생님이 하라는 대로 다 했는데…. 포인트도 하고 시선도 처리하고 풀업도 하고, 하라는 것은 다 했다. 그런데 영상을 보면 정말 부자연스럽다. '도대체 뭐지? 하라는 대로 다 했는데 이 어색한 것은 뭐지?' 딴에는 혼자 표현한다고 한 것인데 영상을 보면 너무 과하다든지 아니면 여전히 무언가가 부족하다. 너무 과장되지 않고 또 어색하지 않은 그 적정선이 있다. 그런데 그 적정선을 제대로 찾기는 어렵다. 그래서 내가 보기엔 춤에도 물과 기름처럼 둥둥 떠 있는 '발춤'이 있는 것 같다.

얼마 전 TV에서 유명한 배우가 대사 하나를 연습하는 장면을 본 적이 있다. 한 대사를 제대로 소화하기 위해 여러 장소를 옮겨가며 감정도 등급을 조절해가며 수도 없이 연습한다. 우리가 소위 말하는 연기를 잘한다는 배우들 대부분은 그 역할과 싱크로가 되어 있다. 그래서 배우들은 연습할 때 대사 하나, 표정 하나, 감정 수위 등 너무 과장하거나 어색하지 않게 조절하면서 연습에 연습을 되풀이한다.

내가 연기자를 예로 든 이유는 바로 발레도 표현해야 하는 예술에 속하기 때문이다. 물론 어딜 가나 이 표현하는 것을 잘하는 사람들이 있다. 하지만 나처럼 표현이 어정쩡하거나 어색한 사람들도 많이 있다. 솔직히 아직도 혼자서 거울을 보고 내 얼굴, 내 눈동자를 맞추면서 발레 연습하는 게 어색하다. 거기에다 누군가 날 보고 있다고 의식하기 시작하면 동작과 눈동자의 초점은 불안정해지고 다시 어색함의 극치가 된다. 꼭 발레뿐만이 아니라 일상생활을 하다가도 누군가 나를 보고 있다고 생각되면 자연스럽지 못하고 갑자기 어색해지는 것과 일맥상통한다.

이 어색함은 그나마 콩쿠르를 한번 함으로써 조금 극복되긴 했지만 그래도 여전히 적정선에서 자연스럽게 표현하는 것은 어렵다. 발레를 발레답게 표현하기 위해 일종의 '연기' 즉, 누가 보고 있건 말건 그 춤에 몰입해서, 과장하거나 어색하지 않게 표현해야 한다. 연기자가 카메라가 앞에 있음에도 불구하고 상황에 몰입해야 하는 것과 마찬가지이다.

배우들이 연기를 연습하는 것을 보면서 표현을 연기하는 것은 이 또한 연습을 통해 가능하다는 희망이 생겼다. 앞서 말했던 공식에 대한 습득이 끝나면 이 표현을 동작에 입히는 것을 연습할 수 있는 단계가 된다. 쑥스러워하는 모습이 드러나지 않도록 그리고 과장되지 않게 적정선에서 표현하는 것은 연습하면 그래도 조금씩 향상할 수 있다는 것이다. 예를 들어 영상을 찍었을 때 '뭐가 이렇게 어색하지?' 하면서 영상을 계속해서 보면 반드시 어색한 이유가 있다. 시선 처리는 했는데 눈동자가 불안정하다든지, 목에 지나치게 힘이 들어갔다든지 등등. 연습을 통해 고치는 것이 가능하다고 말하면서도 가장 힘든 부분이기도 하다. 워낙에 쑥스러워하고 게다가 누가 본다고 인지하기 시작하면 어색해져서 이를 우아한 발레 표현으로 승화시킨다는 것은 정말 어렵다. 하지만, 나의 다음 콩쿠르 때까지는 가장 고쳐보고 싶은 부분이기도 하다. 바로 '발춤'을 '춤'으로 바꾸는 과정 말이다.

나쁜 습관을 고치기 어려운 이유
미엘린은 없어지지 않아요

앞서 《탤런트 코드》란 책에 대해서 언급한 적이 있다. 여기서 말하는 심층 연습이라는 것은 내가 《1만 시간의 재발견》(안데르스 에릭슨/비즈니스북스)에서 읽었던 내용과 비슷하다. 어떤 분야든 1만 시간의 심층 연습을 통해 그 분야의 전문가가 될 수 있다는 이야기이다. 우리가 생각하는 (일반적으로 타고난 재능이라고 생각하는) 절대음감조차도 1만 시간의 심층 연습을 통한다면 만들 수 있다고 한다. 매일 대략 2.7시간 동안 심층 연습을 10년 동안 한다면 1만 시간이 된다. 하지만 여기서 말하는 심층 연습은 그냥 시간만 보내는 연습이 아닌, 말 그대로 안 되는 것을 반복하며 제대로 하려고 하는 연습이다. 1만 시간을 열심히 노력했다 치자. 하지만 잘못된 것을 고쳐나가는 심층 연습을 하지 않고 그냥 1만 시간만 노력했다면 잘못된 길로 형성된 미엘린이 쌓이면서 나쁜 습관만 생기게 된다. 시간은 시간대로 허비하고 밖에서 보았을 땐 무척 노력한 것 같지만 제대로 연습을 하지 않아 잘못된 습관만 쌓이고 잘하지도 못하는 이유가 여기에 있는 것이다. 더군다나 시간을 이렇게 투자해서 잘못 만들어낸 미엘린은 없어지지도 않는다고 한다. 결국, 잘못된 길로 만들어진 미엘린을 극복하기 위해선 기존의 미엘린보다 더 두꺼운 미엘린을 형성해내야 제대로 된 길이 나온다. 나쁜 습관을 고치기 힘든 이유가 여기에 있다.

솔직히 1시간을 제대로 연습하는 것은 힘들다. 5년여 동안 발레를 했으니 여태 수업을 들은 시간을 환산하면 어마어마하다. 그런데 실력이 이것밖에 안 되는 것은 '심층 연습'을 하지 않았기 때문이다. 그냥 수업 시간에 행복하게 발춤만 췄던 시간만 오래되었다. 만일 내가 한 시간 반 동안 수업 시간에 배운 것을 오롯이 내 것으로 만들려면 적어도 일주일 이상 혼자 연습하는 시간이 필요할 것이다. 하지만 그런 적은 한 번도 없었다. 그냥 수업 듣고 다음에 또 듣고, 다시 지적하면 고치고, 지적 안 하면 잊어버리고 넘어가 버리는 식으로 수업을 주야장천 들었으니 재능도 없는 나 같은 학생은 5년이란 시간이 지나도 제대로 실력 향상을 할 수 없다. 학창시절에 책상 앞에 앉아서 공부한 시간만 생각해보자. 우린 하루에 2.7시간을 훨씬 더 넘게 앉아 있었다. 심층 연습, 즉 연습하고 안 되는 부분을 다시 고치고 제대로 하려고 했던 아이들은 반드시 공부를 잘한다. 제대로 이해하고 틀린 것이 있다면 왜 그런지 파악하지 않고 그냥 외워버린다든지 넘어가 버리면 딱 그만큼만 알고 더 이상 실력은 향상되지 않는다. 그래서 많은 학생이 책상 앞에 앉아서 그렇게 오랫동안 공부를 했건만 모두 다 좋은 대학을 가는 것은 아니다.

그래서 잘못된 습관이 많이 형성된 경우 이 습관을 고치는 유일한 방법은 이 나쁜 방식으로 형성된 미엘린을 능가할 만한 양의 연습을 통해 제대로 된 미엘린을 만들어나가는 것 말고는 방법이 없다.

그래서 어떻게 발레를 해야 한다고?

취미발레생의 딜레마

취미발레생 중, 나와 같이 감도 제대로 잡지 못하고 몸을 어떻게 써야 하는지도 잘 모르는 사람들은 '이렇게 열심히 수업을 듣는데 도대체 어떻게 해야 제대로 발레 같아 보이는 발레를 할 수 있을까?' 고민하는 사람들도 있을 것이다.

그래서 내가 그동안 다녀본 학원들의 정규 수업 과정들에 대해서 나의 짧은 지식으로 정리해보았다. 보통 베이직, 레벨 1, 레벨 2, 레벨 3 순서로 수업이 진행되는데, 대부분 베이직 과정에서는 기본적인 자세와 용어 그리고 양손 바로 진행되면서 발과 다리의 움직임에 집중이 된다. 레벨 1 수업에서는 한 손 바로 넘어가면서 센터 동작도 제법 복잡한 것들이 가미되기 시작하는데, 바로 이 베이직과 레벨 1 사이의 과정에서 간과하는 부분이 있다. 통상 한 손 바 순서를 따라 할 때는 '내가 다리만 제대로 움직이면 된다'라는 생각이 강해 순서를 따라 하기에 바쁘다. 하지만 발레의 완성은 다리의 움직임과 동시에 팔의 움직임, 즉 폴드브라에 시선까지, 이 세 박자가 제대로 맞아야 비로소 발레다운 움직임이 완성된다. 아무리 다리, 즉 스텝만 틀리지 않고 잘 따라 한다 해도 우아한 움직임이 완성되지 않는다. 한 손 바에 들어가기 시작하면 다리, 폴드브라, 시선 이 세 개의 움직임에 대한 공식을 익혀서 몸에 익을 때까지 반복해야 이 세 가지가 싱크로된 동작들이 센터를 할 때 자연스럽게 나오게 된다. 내가 왜 그동안 발레 동작이 완성되지 않았는지 그 이유를 곰곰이 생각해보면 지금까지 학원 수업을 다니면서 집중했던 것이 다리 즉, '스텝' 위주의 발레였기 때문이다. 선생님이 순서를 내주면 바에서든 센터에서든 폴드브라와 시선을 무시한 채 스텝만 잘 따라 하면 된다고 생각하는 '스텝 위주'의 사고방식 때문이었다.

그래서 최근 들어 바가노바 교습법이라든지 전공 학생들이 도대체 어떻게 발레를 배우는지에 관심을 두게 되었는데, 그들이 나가는 진도는 우리 취미발레생이 나가는 진도보다는 '훨씬 느리게' 진행되고 있었다. 한 스텝, 한 스텝 그에 맞추어 폴드브라와 시선까지 천천히 정확하게 배우면서 앞서 말한 발레 공식을 몸에 익힐 때까지 반복하는 것에 집중하고 있었다.

취미발레생이 발레를 시작하면 일단 열악한 신체 조건부터 시작해서 전공생과 배우는 과정조차도 다르니, 내가 생각하는 발레다운 발레를 하기 위해서는 처음부터 갭이 있을 수밖에 없다.

그래서 남편에게 이런 '갭'에 대해서 이야기를 했더니, 남편은 "전공생같이 가르치면 재미가 없는데 누가 취미로 발레를 들으러 학원에 오겠어?"란 답변을 하였다. 주짓수도 마찬가지라고 했다. 본인은 주짓수 기술 하나를 완전히 숙달할 때까지 반복해서 익히고 싶은데, 주짓수 도장에서 한 가지 기술만 가지고 그것을 제대로 마스터할 때까지 매일매일 반복하는 연습만 시킨다면 누가 주짓수 도장에 오겠냐고. 그래서 남편의 대안은 '선수부'였다. 본인처럼 진지하게 주짓수를 대하는 사람들을 모아 '선수부'를 만들었는데, 이 반은 한 가지 기술을 마스터할 때까지 드릴링(drilling)만 하는 즉, 앞서 말한 심층 연습만 반복하는 반이다. 선수부 수업은 말 그대로 제대로 하는 것이 주가 되기 때문에 될 때까지 연습하는, 정말 힘들고 재미는 없는 과정을 반복하는 것이 주된 수업 내용이다. 그래서 선수부의 실력은 말할 것도 없이 취미주짓수생들과는 천지 차이다.

그러니 여기서 또 하나의 딜레마가 생긴다. '도대체 난 어떻게 발레를 하고 싶은가?'에 대한 물음이다. 발레다운 발레를 하려면 전공생같이 재미없고 힘든 과정을 천천히 계속해서 반복해야 하는데 이 재미없는 것에 집중할 것인가? 아니면 죽이 되든 밥이 되든 행복한 발레를 할 것인가? 후자의 경우라면 앞에서 말했듯이 장르 불분명의 댄스가 되든 어쨌든 그냥 나만 행복하게 음악에 맞춰 춤을 추러 학원에 다니면 된다. 취미발레생의 딜레마는 아마도 여기에 있을 것이다. 즐거워지려고 다니느냐? 아니면 난 좀 제대로 우아하게 발레답게 하고 싶어서 다니느냐?

내 답은 이미 정해졌다. 지난 5년간 장르 불분명의 댄스를 마냥 행복하게만 추었다면 이제는 좀 제대로 발레를 하고 싶다. 지금부터 이렇게 제대로 된 연습을 시작하면 아마도 내 나이 예순이 훨씬 넘어서야 비로소 발레다운 발레를 할 수 있을 것 같다.

몸을 움직이는 것의 중요성
운동이 어떻게 생활화가 될 수 있을까?

요즘은 그래도 많은 사람이 운동하지만, 여전히 몸 움직이는 것을 싫어하는 사람들도 주변에 많다. 특히나 내 세대, 동기들만 봐도 그렇다. 동기 중에 운동하는 사람은 나와 남편 빼고는 거의 없다. 그도 그럴 것이 어려서부터 주입식 교육을 받은 세대라, '체육'이란 것은 공부 못하는 애들이나 하는 것으로 치부해버리는 나쁜 사고방식을 가지고 있어서다. 공부만 중요하지, 몸을 움직여서 하는 것에 대해서는 대접을 받지 못하는 세대였다. 어렸을 때 초등학교 선생님은 마돈나를 보고 "너희들, 마돈나가 얼마나 오랫동안 춤을 출 수 있을 거로 생각하니? 아주 잠깐이야. 마돈나가 할머니가 되어서도 춤을 출 수 있을 거로 생각해?" 그러면서 공부 열심히 하는 것이 오직 최고인 듯 가르쳤다. 그러나 지금 마돈나는 여전히 세계적인 슈퍼스타이며 할머니가 되어서도 춤을 추고 있다. 그녀는 후에 그녀의 음악과 춤으로 역사에 기록될 것이다. 아마도 그 선생님은 마돈나가 이렇게 오랫동안 유명하게 될지 상상도 못 했을 것이다. 책상 앞에서 공부만 하는 게 최고라는 시대가 지난 지 오래다. 그런데 아직도 체육 시간이 자습 시간으로 대체되는 소리가 들릴 때마다 아쉽기 그지없다. 몸을 움직여야 머리가 움직이고 운동을 하면 할수록 더 건강한 에너지가 생기는데, 이것이 생활화가 안 되었단 소리다. 일단 몸을 움직이면 건강해진다는 생각 대신 피곤해진다는 인식이 아직도 팽배해 있다는 것이 안타까울 따름이다.

1995년, 대학교 다닐 때 〈크림슨 타이드〉라는 영화를 본 적이 있다. 덴젤 워싱턴이 주인공인 이 영화는 장면 대부분이 잠수함 안에서 진행된다. 내용은 기억이 하나도 안 나지만 아직도 기억에 남는 인상 깊은 장면이 있다. 그 잠수함 안에서 덴젤 워싱턴이 운동을 한답시고 막 뛰었던 장면이다. '뭐 잠수함에서까지 운동을 하나?' 하는 생각이 들었다. 바야흐로 대략 30년 전의 일인데, 그때 한국에서는 운동은 왜 하는 것인지에 대한 마인드가 별로 없을 때였다. 영화가 끝나고 생각했다. '어디서든 운동을 하는 것이 생활화가 되었나 보다…'라고.

2000년대 초반, 나는 결혼을 하고 교포 남편과 함께 미국으로 갔다. 패션업계에 발을 들여놓기 전, 실리콘밸리의 IT 분야에서 일한 적이 있었는데, 그 당시 그들은 이미 탄력적인 출퇴근제를 시행하고 있었다. 나의 직속 상사는 열혈 워킹맘이었는데, 새벽 5시면 회사 Gym에서 운동하고, 팀에서 가장 먼저 출근하고 가장 먼저 퇴근했다. 그도 그럴 것이 아이들의 방과 후 축구 활동을 열심히 챙겨야 하므로 일찍 출근해서 아이들 하교 시간에 맞춰 퇴근해야 했다. 아이들 등교는 남편이 책임지고 하교 후부터는 엄마가 책임졌다. 나는 그때 아이가 없어 내 몸만 챙기면 되었는데도 출근하는 것조차 허덕였는데, 상사는 한창 점심 먹고 나른한 시간에 아이들을 픽업하러 퇴근하였다. 그렇다고 회사생활을 등한시하느냐, 절대 그렇지 않았다. 그러기 위해서는 넘치는 에너지와 체력이 필요한데, 이미 상사는 아침 일찍 Gym을 통해 그 에너지를 충전하고 하루를 살고 있었다. 나도 출근 전에 회사의 Gym에 간 적이 있었는데, Treadmill에 자리가 없을 정도로 많은 사람이 아침부터 열심히 땀 흘리고 나서 출근하는 것을 보고 놀랐다. 이 이야기는 지금부터 20여 년 전 캘리포니아의 실리콘밸리 이야기이다. 이런 생활들이 이제야 한국에 정착되는 것 같지만 내 동기 세대들은 여전히 운동과는 거리가 멀다.

결혼 전 비염으로 굉장히 고생했는데, 남편은 미국에서 '좋은' 공기를 맡으면 나을 거라고 했다. 결혼 후, 미국에서 좋은 공기를 맡고 생활했지만, 여전히 '코 스프레이' 약이 없으면 코가 막혀서 잠을 잘 수가 없었다. 비염이 없어진 것은 살(체지방)이 빠지고 건강한 식단으로 바꾸고 난 후였다. 20대의 나는 겉으로 보기엔 마른 축에 속했지만, 거의 운동을 안 하고 기름진 고기, 탄수화물, 맵고 짠 음식 그리고 술을 좋아하는 식성을 가지고 있어 체지방이 높은 편이었다. 하지만 캘리포니아에서 건강한 생활방식에 동화되다 보니 운동을 안 할 수 없었고 식단도 샐러드나 영양식으로 바꾸었더니 언젠가부터 비염이 사라져버렸다. 그렇게 고생했던 비염은 현재 한국에서 건강하게 생활하고 있을 때도 나타나지 않고 있다. 하지만 신기하게도 체지방이 늘고 식단조절을 제대로 하지 않으면 주변의 공기가 좋건 안 좋건 비염 증상이 여지없이 나타난다.

그래서 나에게 운동은 항상 중요하다. 건강하게 살기 위해, 하루 에너지를 충전하기 위해서라도 꼭 필요하다. 그런데 솔직히 말하면 '운동' 그 자체는 재미가 없다. 필라테스, 헬스 이런 것은 한 시간 동안 누가 옆에서 1:1로 재촉하지 않는다면 혼자서 하는 것이 재미없다. 일단 시작하고 끝내면 개운하긴 하지만 재미가 없어 시작하더라도 꾸준히 지속하기가 어렵다. 그래서 항상 친구들에게 우선 '재미'를 붙여 몸을 움직이는 것을 찾으라고 조언한다. 재미가 있어야 꾸준히 할 수가 있다. 내가 발레를 수년간 꾸준히 할 수 있었던 것도 발레를 하는 것이 너무도 즐거워서였다. 일단 즐거운 것을 찾고 나니 이를 더 잘하려고 필라테스며 헬스도 하는 것이 아니겠는가? 본인이 재미있어 하는 운동을 찾으면 그 운동을 잘하기 위해서라도 체력운동을 할 수밖에 없게 된다. 운동을 안 하고 있다면 우선 재미있는 취미 운동을 찾는 것이 운동을 생활화하는 데 도움이 될 것이다.

엄마는 발레를 해요

나이는 숫자에 불과하다는 식상한 말을 하게 될 줄이야

한창 콩쿠르 준비로 바쁠 때 초등학교 고학년인 딸과 함께 의상을 대여하러 간 적이 있다. 의상 대여실에 들어가자마자 모두 딸을 보고 어떤 작품을 하는지를 물어보면서 딸을 응대하기 바빴다. 그때 나이 지긋한 엄마가 그들 사이에 끼어들면서 "아, 저… 제 의상을 준비하러 왔는데요"라고 말하는 순간 잠시 어색한 침묵이 흘렀다. 그러고 나서 그들은 바로 나를 응대하기 시작했다. 초스피드로 나를 머리끝에서 발끝까지 스캐닝하더니 '아, 사이즈가 없을 것 같은데…' 하는 그들의 우려는 여러 벌 비슷한 의상을 입었다 벗기를 반복하면서 실제가 되었다.

또 다른 나의 에세이집 《결혼부터 아이까지》에서 언급한 적이 있지만 나는 마흔 가까이에 쌍둥이를 출산한 나이 많은 엄마 축에 낀다. 젊은 엄마도 아닌, 학부모 중에서도 나이 많은 왕언니로 불림에도, 애들 콩쿠르 준비도 아닌 내 발레 콩쿠르 준비로 바쁘다. 거기에다 요즘은 필라테스도 열심히 가르치고 있는데, 다들 필라테스 선생님 하면 젊고 예쁜 선생님을 상상하지만, 흰머리가 쉽게 커버 되지 않을 정도로 스멀스멀 올라온 나이 지긋한 선생님이 20, 30대 젊은 주짓수 회원들과 함께 땀을 뻘뻘 흘리며 운동한다.

나이는 50이 다 되었지만, 현재 내 몸은 20대보다 더 건강하다. 운동을 거의 안 했던 20대 때 바다에 가서 윈드서핑을 하려고 무수히 노력했는데 도저히 보드 위로 올라갈 수가 없었다. 얼마 전 가족들과 바다에 가서 무려 30년 만에 윈드서핑에 도전했는데 왜 20대 때 그렇게 균형 잡고 올라타는 것이 어려웠는지 이해가 안 될 정도로 안정적으로 올라탔다. 그동안 단련했던 코어의 힘과 발란스 능력이 이때 발휘되었다. 대학교 졸업할 때까지 운동이란 것과는 담쌓고 살았던 20대를 돌아보면 지금이 그때보다 훨씬 건강하다.

이런 고리타분한 말을 하게 될 줄은 몰랐지만 정말 나이는 숫자에 불과하다.

에필로그

어떻게 늙어갈 것인가?
발레와 함께 준비하는 나의 노후

나는 발레에 푹 빠져 있지만, 남편은 주짓수에 푹 빠져 있다. 취미는 다르지만 그래도 서로 나이 들어서 시작한 취미 생활이라 어떻게 어려움을 극복하고 있는지 서로 이것저것 이야기할 것들이 많다.

남편이 존경하는, 예순이 넘은 주짓수 사범이 있는데, 현재 유명대학 교수로 재직 중에 있다. 취미로 주짓수를 하지만 주짓수를 한국에 가져와서 보급한 분이라 우리나라에선 일인자로 통한다. 전국에 있는 각 도장에서는 너도나도 할 것 없이 그분에게 와서 가르쳐 달라고 요청한다. 그래서 그분은 자신이 사랑하는 주짓수를 널리 가르치면서 주변에서 존경도 받고 항상 주위에 사람들이 많아 즐겁게 살고 있다. 그것을 보면서 남편은 "나도 퇴직하면 저렇게 살고 싶어"라고 부러워했다.

마침 코로나로 모든 것이 셧다운 될 때 주변에 아주 저렴하게 나온 임대 공간이 있어 남편과 남편의 사범은 의기투합해서 주짓수 체육관을 내려고 했다. 코로나로 경기가 어려울 때 새로운 사업을 시작하는 것은 내키지 않았지만 그래도 이곳에서 남편이 노후를 행복하게 보낼 것을 생각하니 지금부터 준비해야 한다는 생각이 들었다. 그래서 체육관 오픈을 승낙했다. 지금 이 주짓수 체육관에서 남편은 주짓수를 수련하고 또 시간이 될 때는 가르치고 있다. 나도 회원들을 대상으로 필라테스를 가르치고 체육관을 함께 운영하고 있다. 코로나로 초반에 운영상 어려움이 다소 있었지만, 지금은 회원 수가 많아져서 제법 운영되고 있다. 이제 여기서 조금 욕심을 부리자면 발레학원까지 만드는 것이다. 나는 나이 들어서 발레를 시작하는 고충을 너무도 잘 알고 있어서 꼭 실버들을 대상으로 굳어버린 근육을 어떻게 써야 하는지부터 차근차근 가르치고 싶다. 아마도 곧 발레핏 티칭 자격증에 도전할 것이다. 그리고 나의 노후를 발레와 함께 준비해가기 시작할 것이다.

회원들에게 필라테스를 가르치면서 역으로 나는 많은 것을 배운다. 그들이 가져오는 질문이나 문제를 해결해주기 위해 많이 공부하게 되고, 내가 답변하기 곤란한 것들은 재활 교수님에게 문의드려 회원들이 제대로 운동할 수 있도록 도움을 주고 있다. 내가 누군가에게 무엇을 줄 수 있는 것만큼 행복한 일은 없다. 앞으로 발레를 가르칠 수 있는 자격까지 얻게 된다면 더 많은 사람과 내가 가졌던 발레에 대한 그 많은 고민에 대해서 서로 나누고 공감하고 방법도 알려주면서 행복한 고민을 공유할 수 있을 것 같다.

'윤뻣뻣'이었던 내가 필라테스 시범을 보이면 회원들은 어떻게 그렇게 유연할 수 있냐고 한다. 재미있는 건 이런 내가 발레 수업에 들어가면 여전히 유연성이 없는 '윤뻣뻣'으로 통한다는 것이다. 발레 세상에서는 유연한 편이 아니지만, 일반 세상에서 나는 유연한 사람이다. 발레가 아니면 어찌 이런 유연함을 기를 수 있었겠는가? 일반 세상에 나가면 "발레를 해서 그런지 몸이 참 예쁘네요"란 칭찬도 제법 듣는다. 하지만 발레 세상에서는 레오타드 사이로 삐죽삐죽 튀어나오는 살들 때문에 몸이 무거워 보인다. 발레가 아니면 이 나이에도 어떻게 이렇게 몸을 관리할 수 있었겠는가?

이 글 초반에 제대로 하지도 못하고 재능도 없는데 왜 발레

에 빠졌나를 의아해했지만, 여기까지 오면 내가 발레에 빠지지 않을 이유가 없는 것이 더 명확해진다. 생각해보라. 발레를 통해 나의 인생이 얼마나 풍부해졌는가? 발레를 통해 나는 더 건강해지고 있고 행복 이상의 것을 느끼고 성취하고 있다. 아무리 제대로 못 한다고 하더라도 나는 지금처럼 더 잘하려고 항상 고민할 것이고 발레는 그때마다 나에게 새로운 숙제를 던져줄 것이다. 아마도 후에 '60이 되어서야 발레가 뭔지 좀 알 것 같아요'란 책을 내지 않을까 싶다.

추천의 글 1

즐겁게 운동하려면 기초 체력부터 튼튼히!

최홍택 교수

컨디셔닝 & 무브먼트 전문가
USA Chiropractic Doctor
現 을지대 스포츠지도자연수원 운영위원
청주대 스포츠재활학과 초빙 강사

이 책은 저자가 발레에 입문해서부터 지금까지 겪었던 여러 가지 이슈들에 대한 감정선과 생각들을 일반인의 관점에서 이해하기 쉽게 풀어낸 책이다. 발레 입문에서부터, 부상을 겪고, 회복하고, 그 이후를 계획하는 저자에게서 삶에 대한 적극적인 자세와 태도를 엿볼 수 있다.

특히 저자가 처한 상황을 극복하는 서술 과정에서, 일반 사람들은 자신이 속해 있는 울타리 내에서 기술을 더 연마하여 해결하고자 하는 경향이 강한데, 저자는 발레라는 울타리 밖에서 답을 찾기 시작하여, 결국 답을 찾고 더 높은 곳으로 도달할 수 있는 교두보를 만들어냈다는 결론이 흥미롭다.

발레뿐만 아니라 모든 스포츠 종목이 그럴 테지만, 고생스러운 과정을 견뎌내고, 스스로를 갈고 닦아, 결국 본인이 목표한 열매라는 과실을 얻을 때의 달콤함은 이루 말할 수 없다. 하지만 그 과정에서 발생할 수 있는 여러 가지 어려움을 인체에 대한 의학적인 지식 없이 스스로 해결해나가는 일은 매우 고통스럽다. 그럼에도 저자가 노력과 열정으로 눈앞에 닥친 어려움을 하나하나 해결해나가는 과정은 많은 이에게 귀감을 준다.

50을 바라보는 나이에 그토록 좋아하는 발레를 즐겁게, 또한 잘 하기 위해 기초 체력부터 다지는 저자를 보고 취미로 스포츠를 즐기는 모든 사람이 저런 생각과 태도를 지녔으면 좋겠다는 생각을 했다. 특히 몸이 이미 퇴행단계로 진입한 40대 후반부터는 어떤 운동이라 할지라도 최소한의 근력과 올바른 움직임이 뒷받침되지 않으면 치명적인 부상으로 이어질 수 있다는 점을 상기했으면 한다. 이처럼 기본이 되는 근력과 움직임을 위한 운동의 중요성은 몇 번을 강조해도 절대 지나치지 않다.

그런 관점에서 이 책은, 발레를 비롯해 모든 스포츠 종목에서 본인의 기량을 부상 없이 향상하고자 하는 독자들에게 더없이 좋은, 지름길로 안내하는 필독서가 되어줄 것이라 확신한다.

∞

최홍택 교수님은 필라테스 재활 교육 때 해부학과 재활 수업을 한 분이다. 현재 나는 교수님의 기능 재활 운동 스튜디오에서 기능성 향상 운동 프로그램을 진행하고 있는데, 이는 꼭 발레뿐만이 아니라 전반적인 나의 움직임에 도움이 되어 내가 고질적으로 앓고 있는 허리 문제뿐만 아니라 부족한 나의 근력들을 과학적이고 체계적으로 개선하고 있다.

교수님 말씀 중에 기억에 남는 것이 하나 있는데 '모든 스포츠는 경쟁을 바탕으로, 퍼포먼스에만 포커스를 맞추기 때문에 건강에 좋지 않다. 하지만 필라테스는 건강에 좋은 운동이다.'라고 한 말이다. 이 말을 잘 생각해보면 발레뿐만 아니라 모든 스포츠는 남을 이기기 위해, 또는 무언가를 표현하기 위해 특정 동작에 특화되어 있으므로 오랜 시간 집중적으로 특정 스포츠를 하게 되면 건강에 좋은 것과는 거리가 먼 운동을 하게 된다는 걸 알 수 있다. 특정 근육이나 관절을 과사용하기 때문에, 결국 스포츠 선수들이 빨리 은퇴하는 것을 생각해보면 이해하기가 쉬울 것이다. 그에 비해 내 몸이 무엇으로 불균형해지고 잘못되었는지를 파악하여 부족한 근육을 단련하고 몸의 균형을 맞추고 기능을 향상하는 필라테스는 재미는 없지만 필히 몸에 좋은 운동이라 할 수 있다.

하지만 나처럼 어떤 스포츠나 예술에 빠져 있다면, 특정 동작으로 인해 내 건강을 해치고 있다는 것을 알면서도 그것을 포기하기가 어렵다. 그래서 앞서 누누이 이야기했지만, 좋아하는 것을 다치지 않고 오래 건강하게 하려면 반드시 기초 근력과 올바른 움직임을 만드는 필라테스나 기능성을 가미한 헬스 같은 운동이 꼭 병행되어야 한다.

추천의 글 2

발레 라이프,
조금 더디더라도 즐겁고 건강해야죠!

장소영 강사

현 프리랜서 발레 강사
전 국립발레단 단원

우선 아름다운 취미 생활을 누리고 계시는 취미발레인 여러분께 찬사를 보낸다.

오랜 기간 저자분을 가르치면서 늘 성실하고 진지한 태도로 임하는 데 깊은 인상을 받았다. 그에 더해 꾸준히 취미 생활을 이어나가는 것을 보고 부러움과 존경심마저 들었다. 또 올해는 함께 콩쿠르 무대도 도전했는데, 이렇게 책까지 쓰다니 정말 놀랍다.

이 책을 읽고 계실 여러분도 각자의 목표가 있을 것으로 본다. 누구에게는 건강, 누구에게는 마음의 힐링, 아니면 좀 더 구체적인 무대를 향한 도전 등 다양한 목표가 있을 것이다. 그 과정 중 분명 힘든 순간도 닥치고 눈물도 흘려 보았을 것이다. 당연히 선생님께 말씀드리지 못할 고민도 있을 것이다. 하지만 그런 과정들이 쌓이고 힘든 일을 극복하는 과정에서 누구나 조금씩 성장하고 있다는 것을 말하고 싶다.

 특히나 발레는 성장이 매우 더디게 나타나는 종목이다. 내가 과연 나아지고 있는 걸까, 하는 의문이 들 때 회의감도 같이 따라오기 마련이다. 그러나 아주 미미할지라도 나는 수강생들의 성장을 알아차릴 수 있다. 오래 가르쳐본 사람만이 알 수 있는 경험과 안목으로 말이다. 그러니 더디더라도 지치지 말고 즐겁고 건강하게 발레 라이프를 즐겼으면 한다. 발레를 전공한 나는 정말 치열하고도 고독한 수업 과정을 거쳐서인지 취미로 발레를 즐기는 분들이 너무나 부럽다. 발레를 즐길 수 있다는 것은 취미발레인들이 누릴 수 있는 행복한 특혜가 아닐까? 모쪼록 그러한 특혜를 오래도록 누리기를 바란다.

 오랜 기간 발레를 해오면서 힘든 순간과 고비도 많았지만, 발레 이외의 다른 선택을 고민해본 적은 없다. 그럴더라도 늘 똑같은 열정을 유지하기는 쉽지 않다. 나 역시 일이 뜻대로 되지 않아 지칠 때가 있다. 그럴 때 나를 자극하고 이끄는 분들이 바로 취미발레 회원들이다. 그분들의 열의는 발레에 대한 나의 열정에 불을 지피는 원동력이 되고 있다. 이 글을 빌려 그분들 모두에게 고마움을 전하고 싶다.

그래서 모든 회원이 클라스 전 다음을 마음으로 한번 외치고 왔으면 좋겠다.
'오늘도 행복 발레!'

∞

장소영 선생님은 학원에서 검은색 티셔츠에, 검은색 트레이닝 팬츠와 검은색 무용 슈즈를 신고 화장기 하나 없는 모습으로 수업을 하는데도 불구하고 발레리나 본연의 아름다움이 숨겨지지 않는 국립 발레단 출신의 인기 강사이다. 처음 콩쿠르를 준비하는 과정에서 나를 지도한 선생님이 사정상 그만두시어 콩쿠르 준비 중간에 나를 맡아서 지도해준 분이다. 나에게 있어 롤러코스터 같았던 첫 콩쿠르 준비는 아마 오래도록 잊지 못하는 기억이 될 것이다. 이러한 큰 기억에서 함께 자리해주셔서 감사한 마음이 크다.

출판사 서평

신중년 윤뻣뻣,
취미발레로 달라진 일상과 꿈,
그 속 깊은 사연 속으로!

'나이는 숫자에 불과하다'는 말을 명징하게 보여주는 신선한 사례

발레는 아주 어릴 때부터 시작하는 대표적인 스포츠이자 예술이다. 그럼에도 불구하고 저자가 발레를 처음으로 시작한 나이는 44살. 근육이 굳어진 것은 물론이고 이미 노화가 시작된 나이에 발레를 선택하는 것이 과연 바람직했을까? 결론적으로 저자에게 발레는 최고이자 최적의 선택이었다. 몸이 유연해야 하는 발레에 적합하지 않은 뻣뻣한 몸을 지닌 저자는 자신 앞에 놓인 한계를 극복하고자 온갖 다양한 시도를 통해 문제점을 찾고 해결책을 모색한다. 결과적으로 저자는 발레에 입문한 후 20대 때보다 더 나은 체력과 유연성을 지니게 된다. 게다가 60세 이후를 바라보며 발레를 통한 노후 대책을 다방면으로 고려하고 있다. '나이는 숫자에 불과하다'는 말을 이처럼 명징하게 보여주는 사례가 또 있을까? "내가 나이가 좀 있어서" "이 나이에 뭘 어떻게…" "낼모레면 환갑인데"처럼 자신의 가능성을 가둬두고 새로운 시도를 버거워하는 시니어들이라면 저자의 적극성과 활짝 열린 사고가 신선한 자극으로 다가올 것이다.

실력 향상을 바란다면 새로운 목표를 정하고 자신을 채찍질하라

몇 년이 지나도 좀처럼 발레 실력이 나아지지 않고 제자리걸음 상태가 계속되자 저자는 콩쿠르에 나가기로 결심한다. 목표를 정하고 그 목표를 달성하기 위해 자신을 채찍질하는 과정에서 실력 향상은 저절로 얻어지는 열매 같은 것이라고 판단했기 때문이다. 이렇게 시작된 콩쿠르 연습은 저자에게 고도의 스트레스를 안긴다. 그러나 잘 안 되는 동작을 연습하고 연습하고 또 연습하는 지루한 과정 끝에, 정체를 면할 수 없었던 발레 실력이 조금씩 나아지는 즐거움도 함께 맛본다. 그러나 돌아온 결과는 처참한 수준의 바닥등수. 저자는 부끄러움과 좌절을 동시에 느끼지만 왜 그런 성적을 거둘 수밖에 없었는지 원인을 캐기에 골몰하고 결국엔 찾아낸다. 저자는 처참한 성적을 더 나은 개선을 위한 지침으로 삼는다. 나아가 다음 행보를 위한 지표로 삼는다.

문제를 찾고 이를 극복하려면 근본적인 데로 눈을 돌려라

저자는 유연성이 결여된 자신의 몸을 다듬어 발레에서 요구하는 다양한 동작을 시도하려 한다. 대부분의 사람들은 이 경우 꾸준한 연습을 통해 기량을 향상함으로써 자신의 신체 조건을 극복하려 할 것이다. 그러나 저자의 선택은 전혀 다른 방향이었다. 자신의 몸이 어떠한 메카니즘에 의해 작동하는지 알기 위해 필라테스 자격증에 도전한 것이다. 또한 갖은 노력에도 불구하고 구현이 안 되는 발레 동작을 잘 해내기 위해 재활 전문가를 찾아가 의견을 구한다. 그 과정에서 문제에 대한 답을 찾은 것은 물론 새로운 방향으로 자신의 길을 열어나갈 기회를 얻는다. 사업가인 저자는 현재 필라테스 강사로도 활동하면서 체육관도 함께 운영하고 있다. 발레는 저자에게 많은 숙제를 안겨주었지만, 그 숙제를 해결해나가는 과정에서 새로운 기회가 열렸을 뿐만 아니라 풍성한 결실도 함께 주어진 것이다.

tip! 콩쿠르 준비 과정
뭘, 어떻게 준비해야 할까?

처음 콩쿠르에 나가는 것이다 보니 뭘, 어떻게 준비해야 할지 막막했다. 다음은 나처럼 콩쿠르를 처음 나가는 사람들을 위해 준비해야 할 것들을 간단하게 정리해본 것이다.

---

1. 어떤 콩쿠르에 나갈 것인가?
이에 관한 결정은 '이상댄스 www.esangdance.net' 사이트를 보고 선택할 수 있다. '무용콩쿨'을 클릭하면 일정별, 지역별로 개최되는 콩쿠르 리스트가 나온다. 참가자격에 '일반인'이 있고 경연 부분에 '발레'가 있는 콩쿠르라면 취미 발레인이 참여할 수 있다.

2. 어떤 작품을 고를 것인가?
발레의 한 작품을 제대로 완성한다는 것은 정말 어려운 일이다. 그것이 아무리 쉬운 수준의 작품이라 할지라도 말이다. 나는 먼저 작품을 고르고 다음에 어떤 선생님과 진행할 것인지 작품을 선정한 후에 지도 선생님을 정했다. 하지만 가장 바람직한 것은 자신을 잘 아는 지도 선생님과 함께 처음부터 고민해서, 얼만큼 잘 표현하고 작품을 잘 소화할 수 있는지 충분히 고려한 후에 선정하는 것이 좋을 것이다.

3. 비용은 얼마나 드는가?

이 부분은 가장 궁금해하면서도 또 개인에 따라서 편차가 큰 부분이기도 하므로 대략의 아웃라인만 정리해보았다.

① 레슨비 : 아마 개인 레슨비는 학원에 따라 다를 것이다. 콩쿠르 마감까지 몇 회 정도 개인 레슨을 받을 것인지 계산해서 예산을 세우면 될 것이다.

② 작품비 : 이 또한 학원에 따라 다르다. 취미발레생에게는 다소 생소하게 다가올 수도 있다. 나 또한 이 '작품비'가 이해가 가지 않아 나름대로 인터넷에서 리서치해보았는데, 콩쿠르에 나가는 학생들에게 '작품비'를 개인 레슨비와 별도로 받는 곳도 있고 개인 레슨비에 포함된 곳도 있는 것으로 보였다. '작품비'라는 것은 내가 어떤 작품을 선정하였을 때 그 작품을 놓고 나에게 맞게 안무를 짜주는 비용을 말한다. 작품을 나에게 맞게 고치고 다듬어나가는 과정에 드는 비용이다.

③ 참가비 : '이상댄스' 사이트에 들어가면 각 경연에 따른 참가비가 나온다. 경연별로 비용이 다르니 이 또한 사이트를 참조하면 될 것이다(참가비가 저렴한 것은 1만 원 이하인 것도 있는데, 보통 개인을 기준으로 10~15만 원 선이다).

④ 의상비 : 대여는 2박 3일, 일주일, 한 달 또는 두 달 등 기간을 선택할 수 있다(기간에 따라 최소 8~10만 원에서부터 시작한다). 직접 제작을 의뢰(보통 80~200만 원 선)해서 입을 수도 있지만, 중고사이트에서 중고를 구매할 수 있다.

⑤ 대관비 : 때에 따라 학원에 빈 홀이 생기면 무료로 이용할 수 있는 학원도 있고 대관비를 내야 하는 학원도 있다. 본인이 정한 시간에 규칙적으로 연습하고 싶다면 '스페이스클라우드'를 검색해보면 된다. 대관할 수 있는 홀이 지역별로 나와 있고, 시간당 비용도 제시되어 있다(보통 시간당 5,000원에서 많게는 30,000원 선).

⑥ 기타 : 헤어 및 분장 비용도 들어가는데(요즘은 분장이 금지된 곳이 많아 본인이 메이크업하고 헤어만 단정히 하고 가면 된다. 경연하는 곳 지침 사항을 보면 분장이 되는 곳이 있고 금지된 곳이 있으니 확인해야 할 것이다), 통상 헤어와 분장 비용을 합해서 10만 원 선이다.

들어가는 비용을 계산해보면 만만치가 않다. 처음에 별생각 없이 진행했다가 들어가는 비용이 계속 늘어나서 놀라긴 했다. 처음으로 콩쿠르를 준비하느라 어떻게 비용에 대한 예산을 세워야 할지 막막했지만, 다음 콩쿠르에는 어느 정도 노하우가 생겨서 더 잘 준비할 수 있을 것 같다.

4. 의상은 어떻게 고르나?

콩쿠르를 준비하면서 상당히 신경을 많이 쓴 부분이 의상이었다. 맞춤이면 적어도 콩쿠르 두 달 전에는 미리 신체 치수를 재고 의상을 주문해야 한다. 의상을 직접 입어보고 대여할 수 있는 곳도 있는가 하면, 신체 치수를 보내주면 사이즈에 맞는 의상을 보내주는 곳도 있다. 나는 콩쿠르를 두 달 정도 앞두고 의상을 대여했는데, 살이 빠지기 전이라서 의상 자체가 펑퍼짐하게 느껴졌다. 하는 수 없이 대여비만 내고 반납할 수밖에 없었다. 마침 중고사이트에서 발레 의상을 판매하는 개인과 직거래하여 아주 저렴한 값에 의상을 구매할 수 있었다. 수선집에 가서 늘릴 수 있는 부분을 최대한으로 이리저리 늘렸음에도 불구하고 꽉 끼었는데, 경연이 가까이 오면서 살이 빠져 옷이 피팅되기 시작했다.

의상 제작비는 적어도 80~200만 원 선이 들기 때문에 부담이 큰 것이 사실이다(엘의상실, 에뜨왈, 유비패션 등에서 제작한다). 그래서 의상은 몇 번 입지 않기 때문에 (찌아뜨르, 브릴리언트 발레 등에서) 대여하는 것을 강력히 추천한다. 대여가 여의치 않다면 중고사이트(발레 영상스튜디오, 발레를 하는 동안 등)에서 적정한 옷을 골라 (수선이 가능한 시접이 있는지 꼭 확인하고) 구매해서 수선집에서 치수를 조정해서 입는 것도 방법이다.

50을 바라보고 발레에 빠지다

중년 아줌마의
취미 발레 생활 고군분투기

초판 1쇄 발행 2023년 11월 1일

지은이 윤금정 kaykjyoon@gmail.com

펴낸곳 맥스밀리언북하우스
편집자 이서윤
교정 감수 서평 노은정
디자인 일러스트 이명옥
출판등록 제2023-000202호
주소 서울특별시 마포구 포은로8길 29 317
문의 0507 1318 1507
팩스 0504 346 1507
이메일 maxmillianbookhouse@naver.com
인스타그램 instagram.com/maxmillianbookhouse @맥스밀리언북하우스
네이버포스트 https://m.post.naver.com/maxmillianbookhouse

ISBN 979-11-90859-09-7 (03680)

· 이 책의 판권은 지은이와 맥스밀리언북하우스에 있습니다.
· 책 내용의 전부 또는 일부를 인용하려거나 발췌하려면
  맥스밀리언북하우스의 동의를 받아야합니다.
· 저작권법에 의해 한국 내에서 보호를 받는 저작물이므로 무단전재와 복제를 금합니다.